W0371367

Vorwort

Liebe Eltern,

Ihr Sprössling ist jetzt auf dem Gymnasium Ihrer Wahl. Die hier vorliegenden Aufgaben entsprechen voll dem neu eingeführten **LehrplanPLUS**, Grundlage von **G9**. Die Schulmathematik ist dadurch anwendungsreicher und kompakter geworden. Diese

Schulaufgaben von bayerischen Gymnasien

Mathematik 5

zeigen, welcher Schwierigkeitsgrad heute im Gymnasium aufgrund des **G9** in Bayern verlangt wird. Die Original-Schulaufgaben von Nachhilfeschülern unseres ***Durchblicker Lernstudio Arndt*** bilden die Grundlage der Aufgaben in diesem Buch. Wer diese Schulaufgaben konsequent durcharbeitet, dem sind bessere Noten sicher. Zumindest weiß man, wie die Aufgaben aussehen können. Durch Übung kommt jeder Schüler zum Erfolg.

Das Besondere bei diesen Aufgaben sind die ausführlichen Lösungen mit Tipps und Hinweisen. Wir wissen aufgrund unserer Erfahrungen mit Schülern in unserem Lernstudio genau, welche Fehler gemacht werden und wo es oft Verständnisprobleme gibt.

Nach unseren Erfahrungen sind sehr viele Schüler vor einer Schulaufgabe nervös, weil sie nicht wissen, was sie erwartet. Doch die Angst und Nervosität legt sich sehr schnell, sobald die Schüler einige dieser Aufgaben kennen und durchgerechnet haben.

Wichtige Voraussetzungen aus der 4. Klasse sind das 1x1, die vier Grundrechenarten und Rechnen mit Stufenzahlen. Solche Wiederholungsaufgaben finden Sie einer Wiederholungsschulaufgabe aus der 4. Klasse gleich zu Anfang.

Die acht Schulaufgaben entsprechen dem hohen Niveau aus Gymnasien von Bayern, die so ähnlich gestellt worden sind. Sie spiegeln den gesamten Lernstoff des **LehrplanPLUS** der 5. Jahrgangsstufe wider. Die Änderungen durch das neue **G9** sind voll berücksichtigt. Wenn wir feststellen, dass ein Aufgabentyp nicht mehr aktuell ist, werden die entsprechenden Aufgaben ersetzt. Damit haben Sie immer die aktuellsten Aufgaben aus bayerischen Gymnasien.

Die Hinweise in den Lösungen sind die absoluten Insidertipps eines Mathelehrers.

Die mit ✔ gekennzeichneten Aufgaben haben sich als Standardaufgaben herauskristallisiert, d.h. solche Aufgaben werden fast in jedem Gymnasium in einer Schulaufgabe gestellt.

Ihr Mathetrainer Claus Arndt

Aussage einer Mutter am 13.09.2013: **„Mein Sohn Leander hat sich schon letztes Jahr ausschließlich mit Ihren Heften auf seine Schulaufgaben in Mathe und Englisch vorbereitet, was uns zu einem insgesamt recht entspannten ersten Schuljahr im Gymnasium verholfen hat. Wir erleben Ihre Hefte als echte Unterstützung!"**

Liebe Schülerin, lieber Schüler,

du hast den Übertritt erfolgreich geschafft und erwartest neugierig im ersten Schuljahr am Gymnasium, was im Fach Mathematik auf dich zukommt.

Mit diesem Band rechnest du Schritt für Schritt alle Aufgaben durch, bis du fit bist für die Schulaufgabe. Du schreibst im Schuljahr vier Schulaufgaben in Mathe. Insgesamt acht sind in dem Band enthalten, also pro Schulaufgabe zwei, wie sie tatsächlich gestellt werden.
Das Besondere ist, dass du bei den Lösungen auch wichtige Hinweise erfährst. Versuche die Aufgaben selbständig zu lösen wie in einer Schulaufgabe. Danach schaust du dir die Lösungen an und korrigierst dich selbst.
Und zum Schluss noch ein persönlicher Tipp, während du die Schulaufgabe schreibst.
Achte auf die äußere Form: sauber schreiben, nicht schmieren – denn der Lehrer muss oft über 30 Schulaufgaben korrigieren. Am liebsten macht er seine OK-Häkchen und gibt eine gute Note.
Ich wünsche, dass du ein begeisterter Zahlenkünstler wirst und wünsche dir viel Spaß beim Lösen der Aufgaben.
Dein Mathetrainer Claus Arndt

Claus Arndt ***(Dipl.-Mathematiker),*** derzeit Leiter eines Lernstudios, arbeitete als Mathelehrer an einer Realschule und unterrichtet an einem Münchner Gymnasium die Oberstufe. Als Bildungstrainer und Matheprofi erklärt er mit seinem pädagogischen Können den Lernstoff jeder Altersklasse sehr anschaulich und entwickelt aus dem Stegreif eigene praxisbezogene „Testschulaufgaben" zum Trainieren. Er weckt die Neugier der Schüler auf die Rätselwelt der Zahlen und stößt ihnen damit eine Tür zur Mathematik auf. Zudem bringt er seine Erfahrungen aus der freien Wirtschaft mit ein.

www.durchblicker.org

Titelbild: Heinrich Schmid, Überlingen am Ried / Singen am Hohentwiel

ISBN: 978-3-00-034062-8

9 783000 340628

Inhaltsangabe

Schulaufgaben Klasse 5 nach dem **LehrplanPLUS (G9)** in Bayern

Wiederholungsschulaufgabe aus der 4. Klasse – Weißt du das noch?

Schulaufgaben 1

Schwerpunkt *Natürliche Zahlen* und *ganze Zahlen*

Schulaufgabe 1.1

- Große Zahlen
  - in Wortform und Schreibform – Vorgänger und Nachfolger – Schreiben mit Zehnerpotenz
- Zahlenstrahl mit natürlichen Zahlen
- Säulendiagramm
- Runden
- Dezimalsystem anwenden
- Ordnen von ganzen Zahlen
- Ganze Zahlen am Beispiel von Temperaturen – Differenzen rechnen

Schulaufgabe 1.2

- Große Zahlen
  - in Wortform und Schreibform – Bilden von großen Zahlen
- Ordnen von natürlichen Zahlen
- Runden – mindestens und höchstens
- Teilbarkeit und Vielfache
- Zahlenstrahl mit ganzen Zahlen
- Lage von ganzen Zahlen am Zahlenstrahl
- Positive und negative Zahlen am Thermometer – Unterschiede berechnen

Schulaufgaben 2

Schwerpunkt *Rechnen mit ganzen Zahlen*

Schulaufgabe 2.1

- Rechenregeln
- Platzhalter eines Terms bestimmen
- Textaufgabe – Aufstellen eines Terms und Rechnen
- Kombination von Rechenzeichen und ganzen Zahlen
- Klassische Anwendungsaufgabe mit Aufstellen eines Terms
- Mengen im Koordinatensystem
  - Punkte, Gerade und Halbgerade einzeichnen
  - Kreis einzeichnen
  - Lage von Geraden bzgl. eines Kreises

Schulaufgabe 2.2

- Leichtere Textaufgaben mit Addition und Subtraktion von natürlichen Zahlen
- Auswirkungen von Veränderungen von Termgrößen
- Term aufstellen anhand eines Gliederungsbaumes
- Anspruchsvolle Rechenausdrücke mit ganzen Zahlen
- Rechnen mit Betrag
- Textaufgabe. Positive und negative Zahlen anhand von Kontobewegungen
- Sachaufgabe – Innovation

Schulaufgaben 3

Schwerpunkt *Geometrische Grundbegriffe* und *Multiplikation und Division natürlicher und ganzer Zahlen*

Schulaufgabe 3.1

- Koordinatensystem
- Parallele und Orthogonale
- Dreieck
- Qualifikation von Vierecken
- Winkel ablesen und antragen
- Zählprinzip und Baumdiagramm
- Gegebener Term ausrechnen und Gliederungsbaum erstellen
- Kommutativ- und Distributivgesetz

Schulaufgabe 3.2

- Qualifikation von Vielecken
- Winkel bestimmen und Winkelarten bestimmen
- Primfaktorenzerlegung in Potenzschreibweise
- Platzhalter eines Terms bestimmen
- Zählprinzip
- Maßstabsrechnung

Schulaufgaben 4

Schwerpunkt *Größen und Flächen*

Schulaufgabe 4.1

- Alle vier Rechenarten – Kommutativ- und Distributivgesetz anwenden
- Aufstellen eines Terms und ausrechnen
- Rechnen mit Flächenmaßen
- Große Flächen in einem Rechteck
- Flächenberechnung einer aus Rechtecken zusammengesetzten Fläche
- Logik bei Euro-Cent Aufgabe
- Anwendungsaufgabe mit Gewichten

Schulaufgabe 4.2

- Vorteilhaftes Rechnen
- Potenzrechnen
- Terme ganzer und natürlicher Zahlen
- Rechnen mit Größen
- Flächen von Rechtecken
- Anwendungsaufgabe bzgl. Flächen
- Flächen mit Rechtecken zusammensetzen

Schulaufgabe aus der Mathematik
Weißt du das noch aus der Grundschule ?

Aufgabe 1

Schreibe als Zahl!

a) zehntausendvierzehn 10 014

b) neunzigtausendfünfhundertsieben 90 507

c) 4 HT 1 ZT 5 T 415 000

d) 8 HT + 9 T + 7 H + 1 Z + 8 E 809 718

e) siebenhunderttausendvierzig 700 040 5 P./

Aufgabe 2

Bilde aus allen Ziffern der Zahl 230 591 2 P./

a) die kleinste 6-stellige Zahl 102 359

b) die größte 6-stellige Zahl 953 210

Aufgabe 3

Ordne die Zahlen der Größe nach mit dem Zeichen „<": 577 555; 75 757; 75 777; 5 575.

5575 < 75757 < 75777 < 577555 2 P./

Aufgabe 4

Bei welchen Zahlen stehen die Kreise?

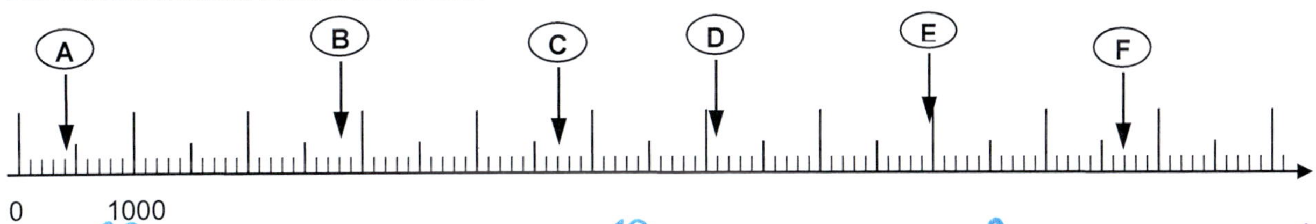

A [illegible] C [illegible] E [illegible]

B [illegible] D [illegible] F 9695 6 P./6

Aufgabe 5

Ergänze die fehlenden Ziffern!

	7	0	9	3	8
+	1	4	2	6	3
	8	5	2	0	1

	7	3	4	1	2
+	2	1	3	4	1
	9	4	7	5	3

	1	0	0	0	4
+		4	3	9	8
	5	4	4	0	2

3 P./

Aufgabe 6

Löse die Minusaufgaben schriftlich!

	3	8	3	7
–		8	0	2

	3	0	2	7
–		5	4	8

	9	2	4	0
–	2	3	8	0

Aufgabe 7

Berechne!

a) $8 \cdot 9\,000 =$ ______ b) $30 \cdot 70 =$ ______ c) $50\,000 : 5 =$ ______

d) $8\,100 : 90 =$ ______ e) $4 \cdot 800 + 3\,600 : 60 =$ ______

f) $72\,000 : 8\,000 - 450 : 90 =$ ______

Aufgabe 8

Rechne schriftlich!

$428 \cdot 5$ $775 \cdot 35$ $803 \cdot 15$ $127 \cdot 31$

Aufgabe 9

Finde die falschen Aufgaben und rechne sie richtig!

4	2	8	6	•	2			2	7	5	6	•	5				1	3	0	4	•	7	
		8	4	7	2				1	3	7	8	0						8	1	2	8	

Aufgabe 10

a) Wann ist eine Zahl durch 4 teilbar?
Gib eine vierstellige Zahl an – bestehend aus lauter verschiedenen Ziffern –, die durch 4 teilbar ist, und zeige an deinem Beispiel diese Regel!

A: ____________________

b) Welche Ziffern kann man in das Kästchen einsetzen, damit eine durch 9 teilbare Zahl entsteht? Erkläre kurz, wie du auf die Lösung kommst!

473☐4

A: ____________________

c) Welche Ziffern kann man in das Kästchen einsetzen, damit eine durch 6 teilbare Zahl entsteht? 2753☐

A: ____________________

Aufgabe 11

Im Kasten siehst du folgende Zahlen:

100 29 34 16 225 21 33 9 27 40

Welche Zahlen sind

durch 3 teilbar: ______________________________

durch 4 teilbar: ______________________________

durch 5 teilbar: ______________________________

durch 9 teilbar: ______________________________

durch 10 teilbar: ______________________________

Welche von den übrig gebliebenen Zahlen ist eine Primzahl. Gib eine Begründung!

Aufgabe 12

Pia hat alle Klassenkameraden nach ihrer Schuhgröße gefragt und die folgende Strichliste angelegt.

Größe 36 und kleiner ||||

Größe 37 𝍸 ||

Größe 38 𝍸 |||

Größe 39 𝍸 |

Größe 40 und größer |||

Sie stellt die Ergebnisse in einem Diagramm dar.

a) Trage in die leeren Kästchen die fehlenden Zahlen ein!

b) Ergänze in dem Diagramm die fehlenden Säulen!

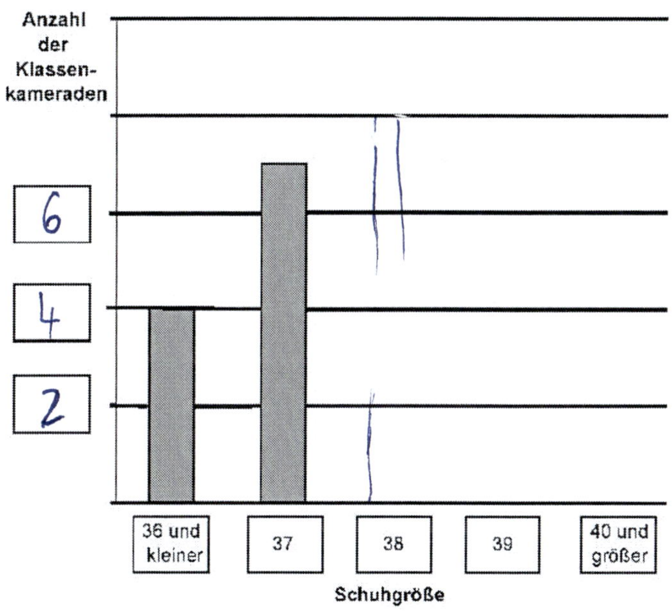

Viel Erfolg !

Lösung Schulaufgabe Grundschule

Lösung
Wiederholung
GS

Aufgabe 1

Schreibe als Zahl!

a) *zehntausendvierzehn* **10 014**

b) *neunzigtausendfünfhundertsieben* **90 507**

c) *4 HT 1 ZT 5 T* **415 000**

d) *8 HT + 9 T + 7 H + 1 Z + 8 E* **809 718**

e) *siebenhunderttausendvierzig* **700 040**

Hinweise und Tipps

- Schreibe große Zahlen als Dreierpäckchen, trenne die Dreierpäckchen mit einem Punkt oder einem Hochkomma – oder lass einen Zwischenraum
- Du musst aufpassen, wenn eine oder mehrere Stellenzahlen fehlen. Dann musst du eine 0 setzen

Aufgabe 2

Bilde aus allen Ziffern der Zahl 230 591

a) die kleinste 6-stellige Zahl: **102 359**

b) die größte 6–stellige Zahl: **953 210**

Hinweise und Tipps

Die (kleinste) Zahl darf nicht mit einer führenden Null beginnen

Aufgabe 3

Ordne die Zahlen der Größe nach mit dem Zeichen „<": 577 555; 75 757; 75 777; 5 575.

5 575 < 75 757 < 75 777 < 577 555

Hinweise und Tipps

- Du musst mit der kleinsten Zahl beginnen
- Eselsbrücke: Das Zeichen **<** kommt im Buchstaben **k** des Wortes „kleiner" vor
- Die Zahlen mit der kleinsten Stellenanzahl sind die kleinsten Zahlen

Aufgabe 4

Bei welchen Zahlen stehen die Kreise?

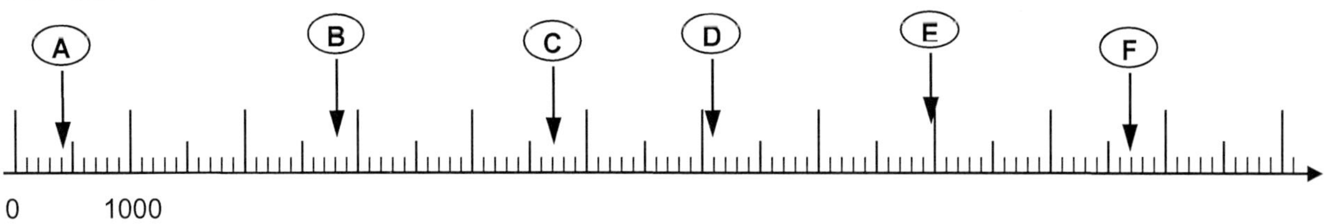

A **400** B **2 800** C **4 700** D **6 100** E **8 000** F **9 700**

Aufgabe 5

Ergänze die fehlenden Ziffern!

	7	0	9	3	8
+	1	4	2	6	3
		1	1	1	
	8	**5**	**2**	**0**	**1**

	7	3	4	1	2
+	**2**	**1**	**3**	**4**	**1**
	9	4	7	5	3

	5	**0**	**0**	**0**	**4**
+		4	3	9	8
			1	1	
	5	4	4	0	2

Tipps und Hinweise

Oft ist es einfacher, die Umkehraufgabe zu lösen, z.B. 73 412 + ? = 94 753. Die Umkehraufgabe lautet: 94 753 – 73 412 = ?

Lösung Wiederholung GS

Aufgabe 6

Löse die Minusaufgaben schriftlich!

	3	8	3	7
−		8	0	2
	3	**0**	**3**	**5**

	3	0	2	7
	1	1	1	
−		5	4	8
	2	**4**	**7**	**9**

	9	2	4	0
	1	1		
−	2	3	8	0
	6	**8**	**6**	**0**

Aufgabe 7

Berechne!

a) 8 · 9 000 =**72 000** b) 30 · 70 = **2 100** c) 50 000 : 5 = **10 000**

d) 8 100 : 90 = **90** e) 4 · 800 + 3 600 : 60 = 3 200 + 60 = **3 260**

f) 72 000 : 8 000 – 450 : 90 = 9 – 5 = **4**

Tipps und Hinweise
- Du musst das 1x1 auswendig kennen!!!
- Multipliziere zuerst die Zahlen ohne Nullen. Dann hängst du die Nullen einfach an z.B. 30 · 70 = 3 · 7 · 100 = 2 100
- Teile die Zahlen ohne Nullen. Die Anzahl der 0 im Ergebnis ist die Anzahl der 0 der zu teilenden Zahl minus der Anzahl des Teilers, z.B. 8 100 : 90 = 81 : 9 · 10 = 90
- Bei d) und e) Ganz wichtige Regel: Punkt- vor Strichrechnung!!! Also zuerst die Punktrechnungen (· und :) rechnen, dann plus oder minus

Aufgabe 8

Rechne schriftlich!

4	2	8	•	5
	2	1	4	0

	7	7	5	•	3 5
	2	3	2	5	0
		3	8	7	5
		1	1		
	2	7	1	2	5

	8	0	3	•	1 5
		8	0	3	0
		4	0	1	5
	1	2	0	4	5

1	2	7	•	3	1
		3	8	1	0
			1	2	7
		3	9	3	7

Aufgabe 9

Tipps und Hinweise
Du kannst die Fehler durch Anwenden des 1x1 ohne Rechnen finden. Rechne im Kopf

Finde die falschen Aufgaben und rechne sie richtig!

4 2 8 6 • 2	2 7 5 6 • 5	1 3 0 4 • 7
8 5 7 2	1 3 7 8 0	9 1 2 8
	richtig	

Aufgabe 10

Tipps und Hinweise
- Denke daran, eine Ziffer ist immer eine einstellige Zahl. So ist 423 eine Zahl, aber keine Ziffer
- Für Interessierte: Eine Zahl ist durch 8 teilbar, falls die von ihren letzten drei Ziffern gebildete Zahl durch 8 teilbar ist

a) Wann ist eine Zahl durch 4 teilbar?
Gib eine vierstellige Zahl an – bestehend aus lauter verschiedenen Ziffern –, die durch 4 teilbar ist, und zeige an deinem Beispiel diese Regel!

A: Eine Zahl ist durch 4 teilbar, falls die von ihren beiden letzten Ziffern gebildete Zahl durch 4 teilbar ist.

Z.B 1 620 : 4 = 405

b) Welche Ziffern kann man in das Kästchen einsetzen, damit eine durch 9 teilbare Zahl entsteht? Erkläre kurz, wie du auf die Lösung kommst!

Lösung
Wiederholung
GS

Tipps und Hinweise
Eine Zahl ist durch 9 teilbar, falls ihre Quersumme durch 9 teilbar ist

$473\square4$

Quersumme $= 4 + 7 + 3 + \square + 4 = 18 + \square$

A: Das Kästchen kann die Werte 0 oder 9 annehmen

c) Welche Ziffern kann man in das Kästchen einsetzen damit eine durch 6 teilbare Zahl entsteht? $2753\square$

Tipps und Hinweise
- Eine Zahl ist durch 6 teilbar, falls diese durch 2 und 3 teilbar ist
- Eine Zahl ist durch 2 teilbar, falls diese gerade ist
- Eine Zahl ist durch 3 teilbar, falls die Quersumme durch 3 teilbar ist

Quersumme $= 2 + 7 + 5 + 3 + \square = 17 + \square$

In Frage kommen dann für $\square = 1$ oder 4 oder 7. Die Zahl muss aber gerade sein.

A: Es kann nur die Ziffer 4 in das Kästchen eingesetzt werden.

Aufgabe 11
Im Kasten siehst du folgende Zahlen:

100 29
34 16 225
21
33 9 27
40

Welche Zahlen sind

durch 3 teilbar: **21, 33, 9, 27, 225**

durch 4 teilbar: **100, 16, 40**

durch 5 teilbar: **100, 40, 225**

durch 9 teilbar: **9, 27, 225**

durch 10 teilbar: **100, 40**

Welche von den übrig gebliebenen Zahlen ist eine Primzahl. Gib eine Begründung!

Übrig geblieben sind 34 und 29. Die einzige Primzahl ist 29, da diese Zahl nur durch sich selber und 1 teilbar ist. 34 ist durch 2 teilbar und deswegen keine Primzahl.

Tipps und Hinweise
Lerne die Teilbarkeitsregel
- durch 2 teilbar, wenn die Zahl gerade ist
- durch 3 teilbar, wenn die Quersumme durch 3 teilbar ist
- durch 4 teilbar, wenn die Zahl der letzten beiden Ziffern durch 4 teilbar ist
- durch 5 teilbar, wenn die Endziffer 0 oder 5 ist
- durch 6 teilbar, wenn die Zahl durch 2 und 3 teilbar ist
- durch 9 teilbar, wenn die Quersumme durch 9 teilbar ist
- durch 10 teilbar, wenn die letzte Ziffer 0 ist

Lösung Wiederholung GS

Aufgabe 12

Pia hat alle Klassenkameraden nach ihrer Schuhgröße gefragt und die folgende Strichliste angelegt.

Größe 36 und kleiner ||||
Größe 37 |||| ||
Größe 38 |||| |||
Größe 39 |||| |
Größe 40 und größer |||

Sie stellt die Ergebnisse in einem Diagramm dar.

a) Trage in die leeren Kästchen die fehlenden Zahlen ein!

b) Ergänze in dem Diagramm die fehlenden Säulen!

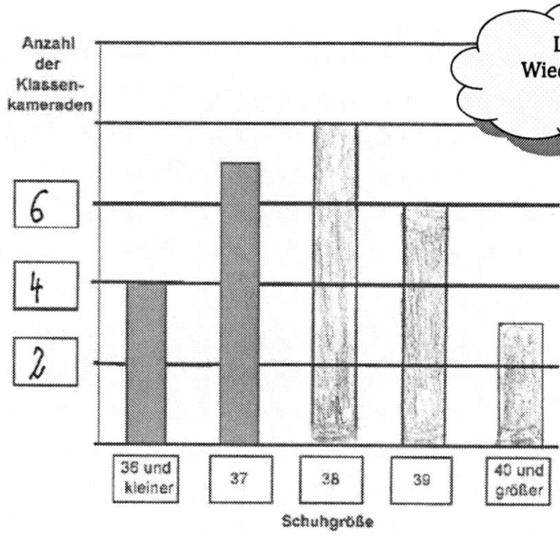

Tipps und Hinweise

- Wichtig bei dieser Aufgabe: Schaue dir genau das Diagramm an. Es sind 4 Kinder mit Schuhgröße 36 und kleiner. Also hat die erste Säule die Höhe 4.
- Die Anzahl der Kinder mit Schuhgröße 40 und größer ist 3, und damit ungerade. Die Höhen schreiten in 2-3er Schritten voran. Deshalb ist die letzte Säule in der Mitte von 2 und 4, nämlich 3.

Wie geht
Runden
bei großen Zahlen
?

Keine Angst
vor
großen Zahlen
!

Balken- und
Säulendiagramme
machen alles
übersichtlicher
!

Was sind
Rechen-
ausdrücke
?

Hinter Zahlenrätsel
verstecken sich
einfache
Rechnungen
!

Schulaufgaben 1

Was ist ein
Summand, ein
Dividend, ein
Divisor
?

Wie geht
Rechnen
mit Platzhalter
?

Ordung
muss
sein
!

1. Schulaufgabe aus der Mathematik

Aufgabe 1

a) Schreibe die folgende Zahl in Ziffern und runde diese auf Zehntausender:
neunundzwanzig Billionen vier Milliarden fünfundvierzigtausendeins

b) Schreibe in Worten auf: 14900 und 2000020003005

c) Wie heißen Vorgänger und Nachfolger dieser Zahlen? 199990999 987000000

d) Schreibe mit Zehnerpotenz: zehn Billionen sechshundertvierundvierzig Milliarden

Aufgabe 2

Markiere an der Zahlenhalbgerade zuerst die Zahl 300.

Markiere dann die Zahlen 80, 155 und 244 möglichst genau.

Aufgabe 3

Für folgende Länder lauten die Einwohnerzahlen am 1. Januar 2016:

Belgien 11 267 910
Dänemark 5 811 189
Niederlande 16 979 120
Österreich 8 699 730

a) Runde die Einwohnerzahl auf Millionen!

b) Zeichne ein Säulendiagramm. Suche dazu eine geeignete Einheit für den Zahlenstrahl!

c) Die Einwohnerzahl von China beträgt 1 384 611 184. Ist es sinnvoll diese Einwohnerzahl im Säulendiagramm abzubilden? Begründe!

Aufgabe 4

Bilde aus allen Ziffern der Zahl 21 478 030

a) die kleinste 8-stellige Zahl

b) die größte 8-stellige Zahl

Aufgabe 5

a) Erkläre anhand eines Beispiels, wie du natürliche Zahlen auf Tausender rundest!

b) Gibt es natürliche Zahlen, die beim Runden auf Hunderter zu Null werden?
Wenn ja, welche sind es?

bitte wenden!

Aufgabe 6

Gegeben sind die Zahlen 300, −300; 2000; −555; −2200

a) Ordne die Zahlen in einer fallenden Ungleichungskette!

b) Schreibe die Zahl auf, die den *kleinsten Betrag* besitzt und schreibe die *negative* Zahl auf, die den *größten Betrag* besitzt!

c) Bestimme den positiven Differenzwert der dem Betrage nach beiden größten Zahlen.

Aufgabe 7

Evelyn misst innerhalb einer Woche immer morgens die Temperatur.
Am Montagmorgen hatte es 5°. Bis zum nächsten Tag fiel die Temperatur um 8°. Dann wurde es zum Mittwoch nochmal um 3° kälter. Am Donnerstag zeigte das Thermometer −9° an. Zum Wochenende hin, am Freitag, wurde es um 5° wärmer und am Samstag war es noch einmal um 5° wärmer. Am Sonntagmorgen war es dann um 1° wärmer als am Montag.

a) Berechne die Temperaturen, die Evelyn an den einzelnen Tagen gemessen hatte.

b) An welchem Tag war es am wärmsten, an welchem am kältesten?

Viel Erfolg !

mögliche Punkteverteilung

Aufgabe	1a	1b	1c	1d	2	3a	3b	3c	4a	4b	5a	5b	6a	6b	6c	7a	7b	
Punkte	2	2	2	2	4	2	4	1	2	1	2	1	2	2	2	3	1	**35**

Bemerkungen zu Schulaufgabe 1.1

Aufgabe 1
Absolute Standardaufgabe! Diese Aufgabe wie auch die Aufgabe 1 von Schulaufgabe 1.2 bilden den gesamten Prüfungsstoff des Dezimalsystems – große Zahlen – ab. Die Darstellung im Dezimalsystem und auch in Wortform ist ein Muss. Kommt bestimmt so in jeder Schulaufgabe vor. Der Schwierigkeitsgrad ist auch üblich. Also unbedingt lernen!

Aufgabe 2
Auch die Darstellung von natürlichen und ganzen Zahlen am Zahlenstrahl kommt so sicher dran wie das Amen in der Kirche. Bei dieser Aufgabe ist der Schwierigkeitsgrad höher, da du die Einteilung selber finden musst. Beachte die Aufgabe 2 aus Schulaufgabe 1.2, bei der du „nur" natürliche Zahlen ordnen sollst.

Aufgabe 3
Auch Rundungsaufgaben sind Klassiker und gehören zu jeder Schulaufgabe. Hier dient das Runden zum Erstellen eines Säulendiagramms. Oder wie in der Aufgabe 3 aus Schulaufgabe 1.2, dort ist eine typische „Mindestens" und „Höchstens"-Aufgabe.

Aufgabe 4
Diese Aufgabe ist eine Abfrage, ob du das Stellenwertsystems verstanden hast. Hier ist es eine leichtere Aufgabe.

Aufgabe 5
In dieser Aufgabe werden deine argumentativen Möglichkeiten gefordert. Versuche deine Erklärung in wenigen kurzen Sätzen klar auszudrücken. Na ja, und ein bisschen überlegen kannst du dann noch in Aufgabe b).

Aufgabe 6
Das Ordnen von ganzen Zahlen – in Verbindung mit Beträgen – gehören auch zum Standard. Oft werden Verständnisaufgaben bzgl. des Betrags einer Zahl unabhängig von Vergleichen abgefragt, da es doch ein wichtiges Thema darstellt.

Aufgabe 7
Natürlich darf eine Textaufgabe nicht fehlen. Hier musst du ein wenig mit ganzen Zahlen rechnen. Ist auch machbar!

Fazit
Das ist deine erste Schulaufgabe in Mathematik nach der Grundschule. Du siehst, dass im Gegensatz zur Grundschule die Aufgabentypen vielfältiger sind.
Insgesamt eine faire Schulaufgabe die nicht zu anspruchsvoll ist!

Bemerkungen zu Schulaufgabe 1.2
Diese Parallelschulaufgabe beinhaltet den gleichen Stoff wie die Schulaufgabe 1.1. – „Natürliche und ganze Zahlen". Lediglich das Kapitel „Teiler und Vielfache" wird hier zusätzlich geprüft. Je nach Lehrkraft wird dieser Stoff gleich zu Anfang des Schuljahres oder etwas später besprochen.

Anhand der Aufgabentypen beider Schulaufgaben wird die Vielfalt abgebildet. Nahezu alle Aufgaben hier gehören heute zum Standard. Der neue LehrplanPLUS lässt jedoch keine Erleichterung oder Entzerrung des Stoffes erkennen.

Lösung Schulaufgabe 1.1

Lösung Schulaufgabe 1.1

Zeit: 50 Minuten

Aufgabe 1 ✓

Tipps und Hinweise

- Um gut mit großen Zahlen rechnen zu können, musst du das Stellenwertsystem auswendig gelernt haben. Diese Stellen im Zehnersystem – auch Dezimalsystem genannt – heißen Billionen, Milliarden, Millionen, Tausender mit den entsprechenden Hunderten, Zehnern und Einern.
- Du tust dir wesentlich leichter, wenn du die Ziffern von **rechts** (nicht von links) her in Dreierpäckchen einteilst: 1000 000 oder 1´000´000
- $10^3 = 1\,000$ Tausend $10^6 = 1\,000\,000$ Million
  $10^9 = 1\,000\,000\,000$ Milliarde $10^{12} = 1\,000\,000\,000\,000$ Billion

a) Schreibe die folgende Zahl in Ziffern und runde diese auf Zehntausender:
neunundzwanzig Billionen vier Milliarden fünfundvierzigtausendeins

Tipps und Hinweise zu a)

- Denke daran, dass die „nichtgenannten" Stellenwerte, wie z.B. Zehner-Milliarden mit 0 angegeben werden müssen.
- Da du auf Zehntausender runden sollst, bestimmt die Tausenderziffer, ob ab- oder aufgerundet wird. Auch werden die Tausenderziffer und alle „kleineren" Ziffern zu 0.

29 004 000 045 001
↑

Die Tausenderziffer ist 5, es wird aufgerundet.

29 004 000 045 001 ≈ **29 004 000 050 000**

b) *Schreibe in Worten auf: 14900 und 2000020003005*

Tipps und Hinweise zu b)

- Liegt die Zahl unter einer Million, musst du diese klein und zusammen schreiben, Zahlen über einer Million schreibst du getrennt.
- „zwei Billionen zwanzig Millionen drei Tausend Fünf" ist falsch. Der Teil der Zahl, der kleiner als 1 Million ist, muss klein und zusammengeschrieben werden.

14900 vierzehntausendneunhundert

2000020003005 = 2 000 020 003 005

zwei Billionen zwanzig Millionen dreitausendfünf

c) *Wie heißen Vorgänger und Nachfolger dieser Zahlen? 199990999 987000000*

Tipps und Hinweise zu c)

Der Vorgänger ist die um 1 verminderte Zahl, der Nachfolger die um 1 erhöhte Zahl.

Vorgänger von 199 990 999 ist **199 990 998**

Nachfolger von 199 990 999 ist **199 991 000**

Vorgänger von 987 000 000 ist **986 999 999**

Nachfolger von 987 000 000 ist **987 000 001**

Lösung
Schulaufgabe
1.1

d) *Schreibe mit Zehnerpotenz: zehn Billionen sechshundertvierundvierzig Milliarden*

> *Hinweise und Tipps*
> Schreibe zuerst die Zahl, dann siehst du die Anzahl der Nullen am Ende.

10 644 000 000 000 = $\mathbf{10644 \cdot 10^9}$

Aufgabe 2 ✓

Markiere an der Zahlenhalbgerade zuerst die Zahl 300. Markiere dann die Zahlen 80, 155 und 244 möglichst genau.

> *Tipps und Hinweise*
> - Prüfe, ob die Länge des Blattes bei der Einteilung „1mm entspricht die 1" reicht. Wenn nicht, dann versuche, ob die Einteilung „1 mm entspricht 2" reicht. Ja, das ist bei dieser Aufgabe der Fall.
>   Hätte das auch nicht gereicht, sollte man mit der Einteilung „1 mm entspricht 5", „1 mm entspricht 10" usw. fortfahren, bis der Platz reicht.
> - Achtung: Versuche so genau wie möglich, die Zahl 155 zwischen den Strichen 154 und 156 einzuzeichnen.

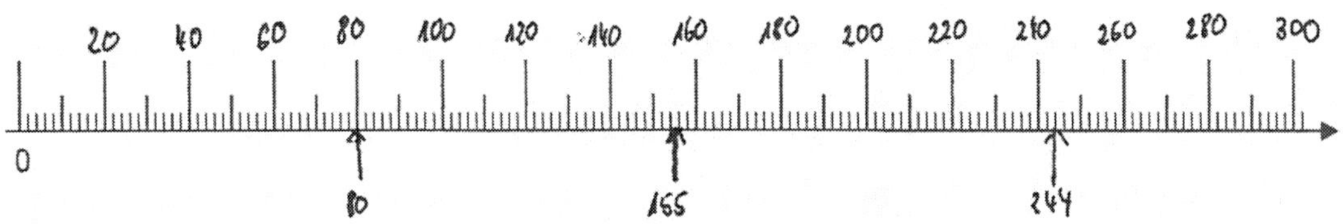

Aufgabe 3 ✓

Für folgende Länder lauten die Einwohnerzahlen am 1. Januar 2016:

Belgien 11 267 910
Dänemark 5 811 189
Niederlande 16 979 120
Österreich 8 699 730

> *Hinweise und Tipps zu a)*
> Denke daran, Runden auf Millionen bedeutet, dass du dir die Hunderttausender Stelle anschaust. Der Wert an dieser Stelle entscheidet, ob auf- (bei 5, 6, 7, 8, oder 9) oder abgerundet (bei 0, 1, 2, 3, 4 oder 5) wird.

a) *Runde die Einwohnerzahl auf Millionen!*

Belgien 11 267 910	≈ 11 Millionen
Dänemark 5 811 189	≈ 6 Millionen
Niederlande 16 979 120	≈ 17 Millionen
Österreich 8 699 730	≈ 9 Millionen

b) Zeichne ein Säulendiagramm. Suche dazu eine geeignete Einheit für den Zahlenstrahl!

> *Hinweise und Tipps zu b)*
> - Ordne 2 Millionen Einwohner 1 cm Achsenlänge zu. Die Länge – wie auch die Breite– sollte maximal 2/3 eine Din A4-Blattes beanspruchen.
> - Zeichne sauber: d.h. schmiere nicht, die Abstände zwischen den Balken sollen gleich sein (Achtung, hier gab es schon Punktabzug), bezeichne die Gitterachsen und Balken.
>   Benutze ein extra Blatt.

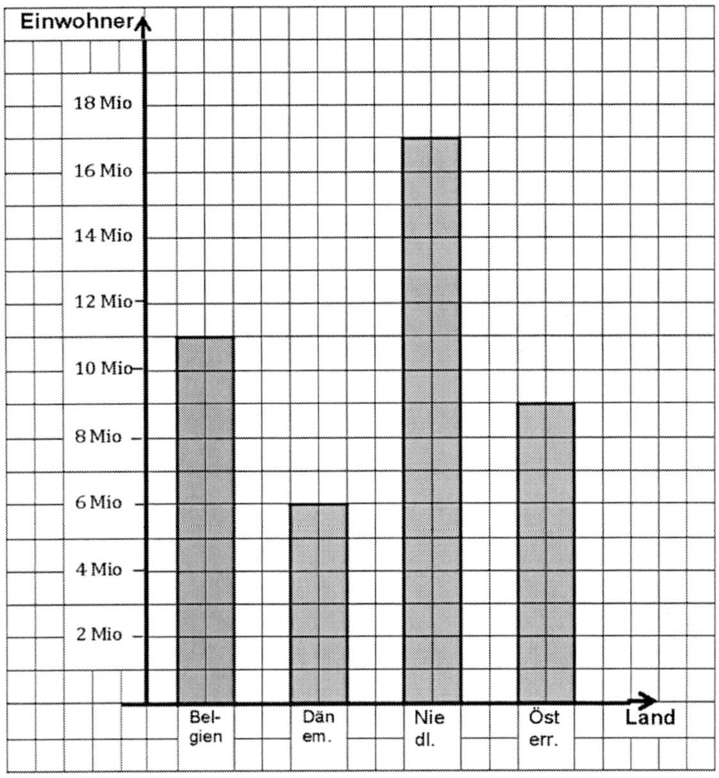

c) *Die Einwohnerzahl von China beträgt 1 384 611 184. Ist es sinnvoll diese Einwohnerzahl im Säulendiagramm abzubilden? Begründe!*

1 384 611 184 ≈ 1385 Millionen. Nein, man kann gar nicht die Einwohnerzahl Chinas in das vorherige Diagramm aufnehmen. Beim oben gewählten Maßstab würde die Säulenhöhe ungefähr 693 cm betragen. Das ist nicht möglich. Wählt man dagegen einen Maßstab, so dass die Einwohnerzahl Chinas abbildbar ist (z.B. 100 Millionen entspricht 1 cm), dann kannst du die Säulen der anderen Länder nicht mehr zeichnen.

Aufgabe 4 *Bilde aus allen Ziffern der Zahl 21 478 030* *a) die kleinste 8-stellige Zahl* *b) die größte 8-stellige Zahl*

Tipps und Hinweise
Die (kleinste) Zahl darf nicht mit einer führenden Null beginnen.

a) die kleinste 8-stellige Zahl lautet **10 023 478**
b) die größte 8-stellige Zahl ist **87 432 100**

Aufgabe 5
a) Erkläre anhand eines Beispiels, wie du natürliche Zahlen auf Tausender rundest!
b) Gibt es natürliche Zahlen, die beim Runden auf Hunderter zu Null werden? Wenn ja, welche sind es?

a) 12345
Beim Runden auf Tausender entscheidet die Hunderterziffer, im obigen Beispiel die 3, ob auf- oder abgerundet wird. Lautet die Hunderterziffer 0, 1, 2, 3 oder 4, so wird abgerundet, bei 5, 6, 7, 8 oder 9 wird aufgerundet. In diesem Beispiel wird abgerundet zu 12000. Die Ziffern hinter dem Tausender werden alle zu 0.

b)
Ja. Die Hunderterziffer selber muss nicht vorkommen, bzw ist 0. Dies ist bei den Zahlen 1,..., 49 der Fall. Ab 50 wird schon zu 100 aufgerundet.
Antwort: Es sind die Zahlen **1 bis 49** (einschließlich).

Lösung Schulaufgabe 1.1

Aufgabe 6

Gegeben sind die Zahlen 300, −300; 2000; −555; −2200

a) Ordne die Zahlen in einer fallenden Ungleichungskette!

b) Schreibe die Zahl auf, die den kleinsten Betrag besitzt und schreibe die negative Zahl auf, die den größten Betrag besitzt!

c) Bestimme den positiven Differenzwert der dem Betrage nach beiden größten Zahlen.

Tipps und Hinweis zu a)
Fallende Ungleichungskette bedeutet: Beginne mit der größten Zahl.

$2000 > 300 > -300 > -555 > -2200$

Tipps und Hinweis zu b)
Der Betrag macht aus jeder negativen Zahl eine positive. Eine positive Zahl bleibt durch ihren Betrag aber positiv. Achtung: im 2. Teil nur negative Zahlen betrachten.

Die Zahl(en) mit dem kleinsten Betrag lautet **300 und −300.** Es ist $|-300| = |300| = 300$

Die negative Zahl mit dem größten Betrag ist **−2200.** Es ist $|-2200| = 2200$

Tipps und Hinweise zu c)
Du musst hier bestimmen welche Zahl ist Minuend und welche ist Subtrahend.

Die beiden dem Betrage nach größten Zahlen sind −2200 und 2000.
Da ein positiver Differenzwert verlangt wird, muss −2200 der Subtrahend sein, andernfalls bekäme man einen negativen Differenzwert (−4200).
$2000 - (-2200) = 2000 + 2200 =$ **4200**

Aufgabe 7

Evelyn misst innerhalb einer Woche immer morgens die Temperatur.
Am Montagmorgen hatte es 5°. Bis zum nächsten Tag fiel die Temperatur um 8°. Dann wurde es zum Mittwoch nochmal um 3° kälter. Am Donnerstag zeigte das Thermometer −9° an. Zum Wochenende hin, am Freitag, wurde es um 5° wärmer und am Samstag war es noch einmal um 5° wärmer. Am Sonntagmorgen war es dann um 1° wärmer als am Montag.

a) Berechne die Temperaturen, die Evelyn an den einzelnen Tagen gemessen hatte.

b) An welchem Tag war es am wärmsten, an welchem am kältesten?

Tipps und Hinweise
Versuche eine Tabelle zu erstellen. Das hilft dir sehr.

a)

Montag	Dienstag	Mittwoch	Donnerstag	Freitag	Samstag	Sonntag
+5°	−3° (5° − 8°)	−6° (−3° − 3°)	−9°	−4° (−9° + 5°)	+1° (−4° + 5°)	6° (5° + 1°)

b) Am wärmsten war es am Sonntag mit +6°.
Am kältesten war es am Donnerstag mit −9°.

Gesamt 35 Punkte

Punkte	35-34	33-32	31-29	28-26	25-22	21-19	18-17	16-12	11-7	6-3	2-0
Note	1	1,5	2	2,5	3	3,5	4	4,5	5	5,5	6

1. Schulaufgabe aus der Mathematik

Aufgabe 1

Korbinian hat mit Plättchen auf einer Stellenwerttafel eine Zahl gelegt:

HM	ZM	M	HT	ZT	T	H	Z	E
●		●●●	●●	●●●	●●●●		●●●●●	●●●●

a) Schreibe die Zahl in Ziffern und Worten.
b) Gib die größte Zahl an, die Korbinian erhält, wenn er ein Plättchen weg nimmt?
c) Jetzt hat Korbinian nur 6 Plättchen. Wie heißen die drei größten Zahlen, die er mit 6 Plättchen legen kann?

Aufgabe 2

a) Ordne der Größe nach mit dem Zeichen „<“ : 284 848; 2 488 444; 284 484; 24 488
b) Gib alle natürlichen Zahlen an, die man für ♥ einsetzen kann: $53 < ♥ < 61$.
Schreibe einen Antwortsatz.

Aufgabe 3

München hatte zum 31.10.2016 ca. 1,542 Millionen Einwohner, wobei die Zahl auf Tausender gerundet ist.
Wie viele Einwohner waren es mindestens?
Wie viele Einwohner waren es höchstens?

Aufgabe 4

a) Entscheide durch Ankreuzen, ob folgende Behauptungen wahr oder falsch sind:

Behauptung	wahr	falsch	Behauptung	wahr	falsch
$5 \in T_{240}$			$196 \in V_{14}$		
$3 \in T_{148}$			$0 \in \mathbb{N}$		
$66 \in V_3$			$-4 \in \mathbb{N}_0$		

b) Bestimme alle Teiler von 56 und gib sie in der Form der Menge T_{56} an.

Aufgabe 5

Zeichne eine Zahlengerade mit passender Einheit und trage ein:
a) die Zahlen 0; 30, −60; 120, −15;
b) die Zahl, die genau in der Mitte zwischen −60 und 40 liegt;
c) eine Zahl, die von −60 doppelt so weit entfernt ist wie von 60;
d) die Zahl, die man erhält, wenn man zu −50 das Doppelte der Gegenzahl von −70 addiert.

bitte wenden!

Aufgabe 6

Vier Thermometer zeigen jeweils die höchste und die tiefste Temperatur an:

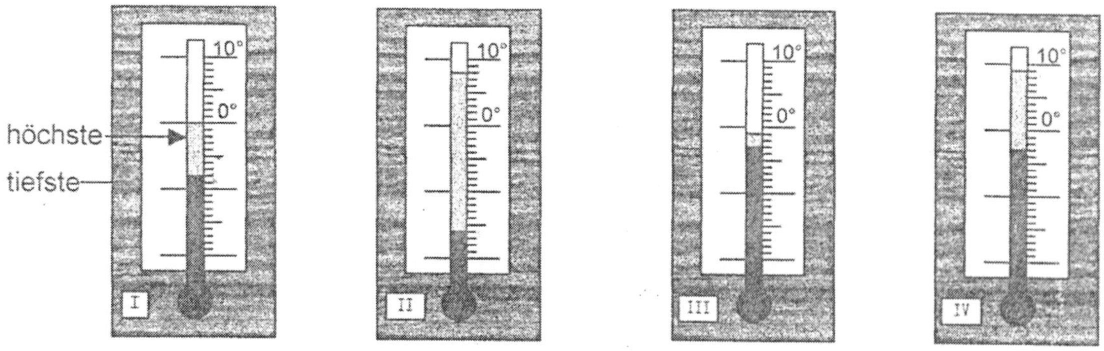

a) Lies an jedem Thermometer die beiden Temperaturen ab (z.B. $T_{1,t} = -8°$, $T_{1,h} = 0°$) d.h. für Thermometer I ist die tiefste Temperatur $-8°$ und die höchste Temperatur $0°$).

Für Thermometer II: $T_{2,t}$ = ______________ $T_{2,h}$ = ______________

Für Thermometer III: $T_{3,t}$ = ______________ $T_{3,h}$ = ______________

Für Thermometer IV: $T_{4,t}$ = ______________ $T_{4,h}$ = ______________

b) Wie groß ist jeweils der Unterschied zwischen beiden Temperaturwerten?

Für Thermometer I: ____________ Für Thermometer II: ____________

Für Thermometer III: ____________ Für Thermometer IV: ____________

c) Welche Temperatur liegt jeweils genau in der Mitte zwischen den beiden Temperaturen?

Für Thermometer I: ____________ Für Thermometer II: ____________

Für Thermometer III: ____________ Für Thermometer IV: ____________

Viel Erfolg !

mögliche Punkteverteilung

Aufgabe	1a	1b	1c	2a	2b	3	4a	4b	5a	5b	5c	5d	6a	6b	6c	
Punkte	2	1	3	2	2	4	3	2	1	2	2	2	2	2	4	**34**

Lösung Schulaufgabe 1.2

Lösung Schulaufgabe 1.2

Zeit: 45 Minuten

Aufgabe 1 ✔

Korbinian hat mit Plättchen auf einer Stellenwerttafel eine Zahl gelegt:

HM	ZM	M	HT	ZT	T	H	Z	E
●		●●●	●●	●●●	●●●●		●●●●●	●●●●

a) Schreibe die Zahl in Ziffern und Worten.
b) Gib die größte Zahl an, die Korbinian erhält, wenn er ein Plättchen weg nimmt?
c) Jetzt hat Korbinian nur 6 Plättchen. Wie heißen die drei größten Zahlen, die er mit 6 Plättchen legen kann?

Tipps und Hinweise
zu a) Die Stufenzahlen, die nicht belegt sind, werden mit 0 dargestellt.
Bilde „Dreierpäckchen“. Beginne von rechts.
Zahlen kleiner als eine Million schreibt man klein und zusammen, auch wenn diese dann sehr schwer zu lesen sind und „Zungenbrecher“ sind.
zu b) Korbinian muss von den Einern ein Plättchen wegnehmen – dort „nimmt er am wenigsten weg“.
zu c) Er muss so viel wie möglich links in der Stellenwerttafel legen.

a) **103 234 054** **hundertdrei Millionen zweihundertvierunddreißigtausendvierundfünfzig**

b) **103 234 053**

c) **600 000 000** (6 Plättchen auf HM)
510 000 000 (5 Plättchen auf HM, eins auf ZM)
501 000 000 (5 Plättchen auf HM, eins auf M)

Aufgabe 2 ✔

a) Ordne der Größe nach mit dem Zeichen „<“: 284 848; 2 488 444; 284 484; 24 488
b) Gib alle natürlichen Zahlen an, die man für ♥ einsetzen kann: 53 < ♥ < 61. Schreibe einen Antwortsatz.

Tipps und Hinweise zu a)
- Du musst mit der kleinsten Zahl beginnen.
- Eselsbrücke: Das Zeichen **<** kommt im Buchstaben **k** des Wortes kleiner vor.
- Die Zahlen mit der kleinsten Stellenanzahl sind die kleinsten Zahlen.

Tipps und Hinweise zu b)
- 53 < ♥ < 61 bedeutet, dass ♥ > 53 und ***gleichzeitig*** ♥ < 61 sein muss.

a) 24 488 < 284 484 < 284 848 < 2 488 444

b) 53 < ♥ < 61
1.) ♥ > 53. Das sind die Zahlen 54, 55, 56, 57, 58, 59, 60, 61, 62, 63 ...
2.) ♥ < 61. Das sind die Zahlen 60, 59, 58, 57, 56, 55, 54, 53, 52, 51 ...

Antwort: Die Ungleichung 53 < ♥ < 61 wird von den Zahlen 54, 55, 56, 57, 58, 59 und 60 erfüllt.

Aufgabe 3 ✔

Lösung Schulaufgabe 1.2

München hatte zum 31.10.2016 ca. 1,542 Millionen Einwohner, wobei die Zahl auf Tausender gerundet ist.
Wie viele Einwohner waren es mindestens?
und wie viele Einwohner waren es höchstens?

Tipps und Hinweise

- Schreibe die Zahl in Ziffern. Dann kannst du besser überlegen.
- Die gesuchte Zahl muss kleiner als 1,542 Millionen und auf Tausender gerundet sein. Maßgebend für diese Rundung ist der Hunderter, der 5 sein muss, da ab 5 aufgerundet wird.
- Die gesuchte Zahl muss größer als 1,542 Millionen sein und auf Tausender abgerundet. Maßgebend ist die Hunderter Stelle, hier 4, also abrunden.

1,542 Millionen = 1 542 000

Wie viele Einwohner waren es mindestens: 1 542 000 ≈ 1 541 500
↑
Hunderter

Wie viele Einwohner waren es höchstens: 1 542 000 ≈ 1 542 499
↑
Hunderter

Antwort: Die Einwohnerzahl betrug mindestens **1 541 500** und höchstens **1 542 499.**

Aufgabe 4

a) Entscheide durch Ankreuzen, ob folgende Behauptungen wahr oder falsch sind:
b) Bestimme alle Teiler von 56 und gib sie in der Form der Menge T_{56} an.

Tipps und Hinweise

- $5 \in T_{240}$: 5 ist ein Teiler von 240, da die letzte Ziffer eine 0 ist. Also wahr. Eine Zahl ist durch 5 teilbar, wenn die letzte Ziffer eine 0 oder eine 5 ist.
- $3 \in T_{148}$: 3 ist kein Teiler von 148, da die Quersumme = 13 (= 1 + 4 + 8) nicht durch 3 teilbar ist. Also falsch. Eine Zahl ist durch 3 teilbar, wenn die Quersumme durch 3 teilbar ist.
- $66 \in V_3$: 66 ist durch 3 teilbar, da die Quersumme = 12 durch 3 teilbar ist. Somit ist 66 ein Vielfaches von 3. Also wahr.
- $196 \in V_{14}$: 196 = 14 · 14 und somit durch 14 teilbar und auch ein Vielfaches von 14. Also wahr. Du solltest alle Quadratzahlen von 1 bis 20 unbedingt lernen. 196 ist ja eine Quadratzahl.
- Achtung: die 0 gehört nicht zu den natürlichen Zahlen. Also falsch.
- –4 ist eine negative Zahl. $\mathbb{N}_0$ sind die positiven ganzen Zahlen inklusive der 0. Also falsch.

a)

Behauptung	wahr	falsch	Behauptung	wahr	falsch
$5 \in T_{240}$	X		$196 \in V_{14}$	X	
$3 \in T_{148}$		X	$0 \in \mathbb{N}$		X
$66 \in V_3$	X		$-4 \in \mathbb{N}_0$		X

b)

Tipps und Hinweise

- Fange bei der Primfaktorenzerlegung mit dem kleinsten Teiler an: hier 2.
- Bilde alle mit den Primzahlen alle möglichen Produkte.
- Denke daran: Zur Teilermenge gehört immer die 1 und auch die Zahl selber.

56 = 2 · 28 = 2 · 2 · 14 = 2 · 2 · 2 · 7

T_{56} = {1; 2; 4; 7; 8; 14; 28; 56}

Aufgabe 5 ✓

Lösung
Schulaufgabe
1.2

Zeichne eine Zahlengerade mit passender Einheit und trage ein:
a) die Zahlen 0; 30, −60; 120, −15;
b) die Zahl, die genau in der Mitte zwischen −60 und 40 liegt;
c) eine Zahl, die von −60 doppelt so weit entfernt ist wie von 60;
d) die Zahl, die man erhält, wenn man zu −50 das Doppelte der Gegenzahl von −70 addiert.

Tipps und Hinweise

- zu a) 1 cm entspricht 20. Bei 1 cm gleich 10 Einheiten würde der Zahlenstrahl zu lang.
- zu b) Berechne zuerst die Länge. Eine Länge ist immer positiv. Hier: 60 (linke Seite) + 40 (rechte Seite) = 100. Die Hälfte ist 50. Trage entweder von −60 gleich 50 Einheiten nach rechts ab oder von der rechten Grenze 40 dann 50 Einheiten nach links. Egal wie, du kommst zu −10.
- zu c) Die Länge zwischen −60 und 60 beträgt 120 Einheiten. Insgesamt hast du 3 Teilstrecken. (Das ist der Trick!) Also ist eine Teilstrecke 40 Einheiten. Trage 40 Einheiten von 60 nach links ab oder 80 Einheiten von −60 nach rechts. Du kommst dann zu 20.
- zu d) Die Gegenzahl von −70 ist +70: −50 + 140 = 90

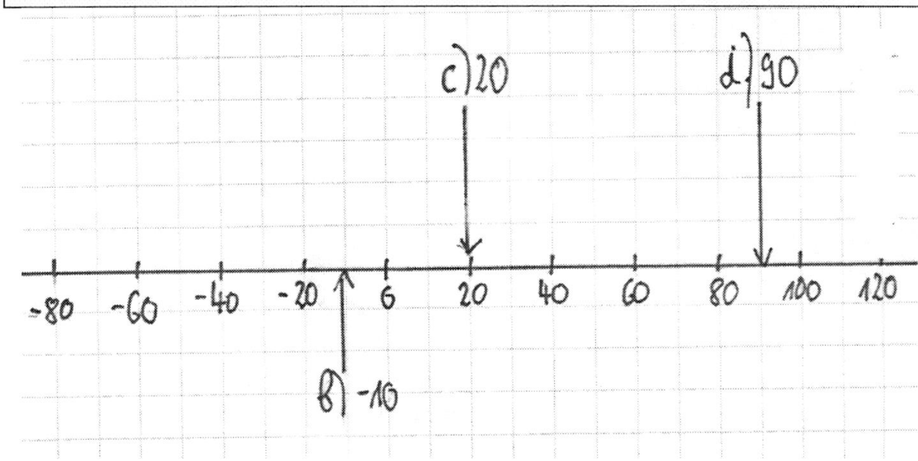

Aufgabe 6 ✓

Vier Thermometer zeigen jeweils die höchste und die tiefste Temperatur an:

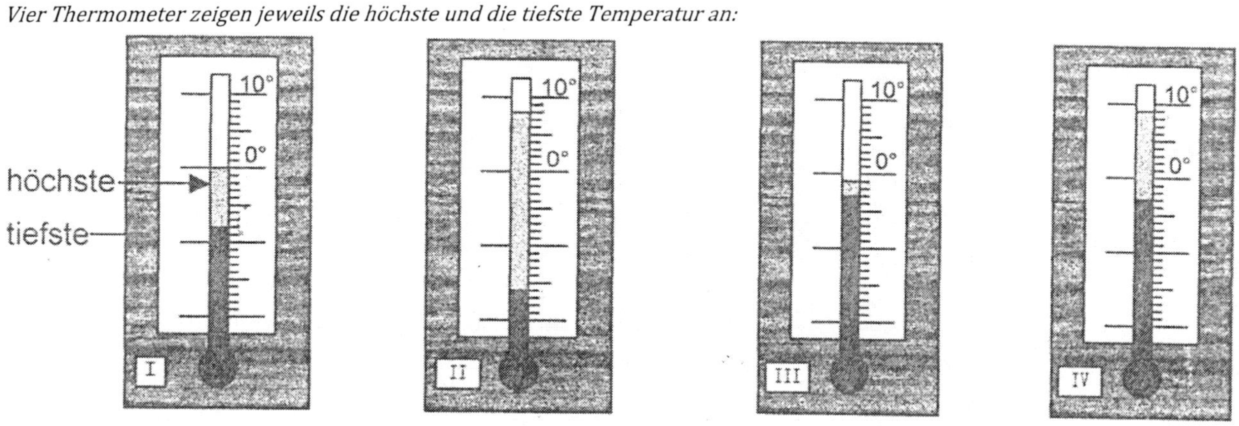

a) Lies an jedem Thermometer die beiden Temperaturen ab (z.B. $T_{1,t} = -8°$, $T_{1,h} = 0°$),

d.h. für Thermometer I ist die tiefste Temperatur −8° und die höchste Temperatur 0°).

b) Wie groß ist jeweils der Unterschied zwischen beiden Temperaturwerten?

c) Welche Temperatur liegt jeweils genau in der Mitte zwischen den beiden Temperaturen?

Lösung Schulaufgabe 1.2

Tipps und Hinweise

- Vorüberlegung: Es ist eine „Unterschiedsaufgabe“. Du sollst dich nicht durch „neue“ Bezeichnungen oder Grafiken durcheinander bringen lassen.
- zu b) Unterschiede (zwischen ganzen Zahlen) sind immer positiv. Haben die Temperaturwerte unterschiedliche Vorzeichen, so sind die Beträge der Zahlen zu addieren. *(Fall 1)*
  Bei gleichem Vorzeichen ist die kleinere Betragszahl von der größeren Betragszahl abzuziehen. *(Fall 2)*
- zu c) Der Unterschied ist jeweils zu halbieren. Die Hälfte wird dann entweder zum kleineren Wert addiert oder vom größeren Wert subtrahiert.

a)

Für Thermometer 2: $T_{2,t} = -16°$, $T_{2,h} = +8°$

Für Thermometer 3: $T_{3,t} = -3°$, $T_{3,h} = -1°$

Für Thermometer 4: $T_{4,t} = -3°$, $T_{4,h} = +9°$

b)

Thermometer 1: Der Unterschied beträgt **8°**

Thermometer 2: (Fall 1, verschiedene Vorzeichen): $16^0 + 8^0 = 24^0$. Der Unterschied beträgt **24^0**

Thermometer 3 (Fall 2, gleiche Vorzeichen): $3^0 - 1^0 = 2^0$. Der Unterschied beträgt **2^0**

Thermometer 4: (Fall 1, verschiedene Vorzeichen): $3^0 + 9^0 = 12^0$. Der Unterschied beträgt **12^0**

c)

Thermometer 1: (z.B. Subtrahieren vom größeren Wert)

Hälfte Unterschied: $8^0 : 2 = 4^0$ Also $0^0 - 4^0 = -4^0$. Die Mitte liegt bei **-4^0**

Thermometer 2: (z.B. Addieren zum kleineren Wert)

Hälfte Unterschied: $24^0 : 2 = 12^0$ Also $-16^0 + 12^0 = -4^0$. Die Mitte liegt bei **-4^0**

Thermometer 3: (z.B. Addieren zum kleineren Wert)

Hälfte Unterschied: $2^0 : 2 = 1^0$ Also $-3^0 + 1^0 = -2^0$. Die Mitte liegt bei **-2^0**

Thermometer 4: (z.B. Subtrahieren vom größeren Wert)

Hälfte Unterschied: $12^0 : 2 = 6^0$ Also $9^0 - 6^0 = 3^0$. Die Mitte liegt bei **3^0**

Gesamt 34 Punkte

Punkte	34 -33	32-31	30-28	27-25	24-22	21-19	18-17	16-12	11-7	6-3	2-0
Note	1	1,5	2	2,5	3	3,5	4	4,5	5	5,5	6

Bedeutet „Zahlen" nur natürliche Zahlen

?

Zahlen- und Dezimalsystem haben viel miteinander zu tun

!

Was muss ich über negative Zahlen wissen

?

Wie addiere ich negative Zahlen

?

Bei der Darstellung von Zahlen in Diagrammen können oft nur Näherungswerte verwendet werden

!

Schulaufgaben 2

Wie rechne ich vorteilhaft

?

Beim Rechnen mit Größen müssen alle Werte mit gleichen Einheiten vorliegen

!

Der Betrag einer negativen Zahl macht die Zahl positiv

!

2. Schulaufgabe aus der Mathematik

Aufgabe 1

a) Schreibe folgenden Satz auf ein Extrablatt und vervollständige diesen.
Eine negative Zahl wird addiert, indem man ...

b) Wahr oder falsch? Beim Rechnen mit natürlichen Zahlen ist der Wert der Differenz immer kleiner als der Subtrahend. Begründe!

c) Berechne die einzelnen Termwerte und addiere diese anschließend:

c1) $(+36) - (-34)$ c2) $(-99) - (+9)$

c3) $(55) - (+65)$ c4) $(-12) - (-8)$

Aufgabe 2

Folgender unvollständiger Rechenausdruck: 707 – ♥ = 408 ist gegeben.

a) Wie nennt man die fehlende Zahl?

b) Wie groß ist ♥ ?

c) Überlege, ohne die Rechnung durchzuführen: Wie ändert sich der Wert der Differenz, wenn der Subtrahend um 25 verkleinert wird?

Aufgabe 3

Stelle einen Term auf und berechne:

Subtrahiere von der Differenz der Zahlen –15 und –31 die Summe von 22 und –32.

Aufgabe 4

Gegeben sind die Zahlen –31, 15 und –16.

Verbinde die Zahlen so durch Rechenzeichen miteinander, dass du die folgenden Ergebnisse erhältst:

a) –32 b) 0

Aufgabe 5

Ein Flugzeug hat Platz für 364 Passagiere. Es fliegt von München über London nach New York. Wie viele Personen könnten in London in letzter Minute noch zusteigen, wenn beim Abflug in München zunächst 328 Passagiere an Bord waren und in London 115 ausgestiegen und 97 zugestiegen sind?

Versuche <u>einen</u> Term aufzuschreiben, mit dem du die Lösung errechnen kannst.

Aufgabe 6

a) Trage die Punkte T(0 | –1) und B(2 | 1) in ein Koordinatensystem ein. Liegen die Punkte C(0 | 1), D(3 | 3) und E(–1 | –2) auf der Geraden TB? Platz: $-2 < x < 4$, $-2\ y < 5$

b) Zeichne die Menge K aller Punkte, die von M(1 | 2) den Abstand r = 2 cm haben.

c) Welche Punkte haben die Menge K und die Gerade TB gemeinsam? Lies aus der Zeichnung die Koordinaten ab.

d) Wie nennt man die Gerade TB in Bezug zur Menge K?

Viel Erfolg !

mögliche Punkteverteilung

Aufgabe	1a	1b	1c	2a	2b	2c	3	4a	4b	5	6a	6b	6c	6d	
Punkte	1	1	4	1	2	1	5	2	2	4	2	1	1	1	**28**

Bemerkungen zu Schulaufgabe 2.1

Aufgabe 1
Es ist eine reine „Lernaufgabe". Durch Anwendung des Gelernten – hier Verbindung von Rechen- und Vorzeichen – ist die Aufgabe dann leicht zu lösen. Es ist eine Aufgabe, wie sie in jeder Schulaufgabe vorkommen kann. Es handelt sich um eine leichte Einstiegsaufgabe, wie auch Aufgabe 1 in Schulaufgabe 2.2, und somit können die Schüler doch ihre Nervosität abbauen.

Aufgabe 2
Jetzt wird es schon etwas anspruchsvoller. Solche „Platzhalteraufgaben" löst du mit der zugehörigen Umkehraufgabe. Außerdem werden noch die lateinischen Begriffe von Rechenausdrücken gefragt. Das kommt immer dran. Unbedingt lernen!

Aufgabe 3
Auch das Aufstellen von Termen und deren Berechnung wird immer wieder in Schulaufgaben drankommen. Auch hier ist das Wissen über die lateinischen Begriffe absolut notwendig.

Aufgabe 4
Jetzt wird es schwierig. Da musst du gut nachdenken und dann einen Lösungsweg finden.

Aufgabe 5
Klassische Textaufgabe. Schon in der Grundschule musstest du einen Term aufstellen, der den Text widerspiegelt; d.h. du musst den Text in mathematische Form bringen.

Aufgabe 6
Auch geometrische Grundkenntnisse werden in dieser Schulaufgabe abgefragt. Dabei musst du in der Regel ein Koordinatensystem zeichnen, Punkte, Geraden, Senkrechten und Parallelen eintragen.
Hier kommt zusätzlich noch das Einzeichnen eines Kreises.

Fazit
Diese Schulaufgabe ist recht anspruchsvoll. Reines technisches Arbeiten und Nachdenken halten sich die Waage.

Bemerkungen zu Schulaufgabe 2.2
In dieser Schulaufgabe steht hauptsächlich das Rechnen mit ganzen Zahlen im Vordergrund. Auch hier gibt es eine leichte Einstiegsaufgabe. Bei Aufgabe 3 (Gliederungsbaum) wird es schon schwieriger; d.h. du musst dich gut auskennen mit den lateinischen Begriffen. Bei Aufgabe 4 hast du eine typische Textaufgabe, wobei du mit ganzen Zahlen rechnen musst. Insgesamt ist diese Schulaufgabe etwas anspruchsvoller als Schulaufgabe 2.1.

Jedoch beide Schulaufgaben sind repräsentativ, wobei es immer Lehrer(innen) gibt, die es gern schwerer machen.

Lösung Schulaufgabe 2.1

Zeit: 45 Minuten

Lösung Schulaufgabe 2.1

Aufgabe 1

a) Schreibe folgenden Satz auf ein Extrablatt und vervollständige diesen.
Eine negative Zahl wird addiert, indem man ...
b) Wahr oder Falsch? Beim Rechnen mit natürlichen Zahlen ist der Wert der Differenz immer kleiner als der Subtrahend. Begründe!
c) Berechne die einzelnen Termwerte und addiere diese anschließend:
c1) $(+36)-(-34)$ c2) $(-99)-(+9)$ c3) $(55)-(+65)$ c4) $(-12)-(-8)$

Tipps und Hinweise
zu a) Es wird ein gut formulierter Antwortsatz verlangt.
zu b) Es ist sinnvoll nach einem Gegenbeispiel zu suchen und dieses anzugeben.
zu c) Falls nicht anders in der Aufgabe formuliert, sollst du aus Zeitgründen immer die Kurzform verwenden: z.B. $(+36)-(-34)=36+34=70$
Unbedingt merken: $(+)\cdot(+)=(+)$
$(+)\cdot(-)=(-)$
$(-)\cdot(+)=(-)$
$(-)\cdot(-)=(+)$

a) Eine negative Zahl wird addiert, indem man **die Zahl vom 1. Summanden abzieht.**
b) Falsch. Gegenbeispiel: $9-3=6$.
Der Wert der Differenz ist 6 und der Subtrahend ist 3.

c) $(+36)-(-34)=36+34=70$
$(-99)-(+9)=-99-9=-108$
$(55)-(+65)=55-65=-10$
$(-12)-(-8)=-12+8=-4$

Diese Ergebnisse sind zu addieren:
$70+(-108)+(-10)+(-4)=70-108-10-4=-52$

Aufgabe 2 ✔

Folgender unvollständiger Rechenausdruck: 707 - ♥ = 408 ist gegeben.
a) Wie nennt man die fehlende Zahl? b) Wie groß ist ♥ ?
c) Überlege, ohne die Rechnung durchzuführen: Wie ändert sich der Wert der Differenz, wenn der Subtrahend um 25 verkleinert wird?

Tipps und Hinweise
zu a) Für die Schulaufgaben ist es wichtig, dass du alle lateinischen Begriffe bzgl. den 4 Rechenarten auswendig weißt.
zu b) Hierzu musst du die Umkehraufgabe bilden: $a-b=c$ ist gleichbedeutend mit $a-c=b$.

a) Die fehlende Zahl heißt **Subtrahend.**
b) ♥ = 707 - 408 = 299
c) Da der Subtrahend um 25 verkleinert wird, wird 25 weniger abgezogen. Also vergrößert sich die Differenz um 25.

Lösung Schulaufgabe 2.1

Aufgabe 3 ✔

Stelle einen Term auf und berechne:
Subtrahiere von der Differenz der Zahlen –15 und –31 die Summe von 22 und –32.

Tipps und Hinweise

- Eine Subtraktion besteht aus einem Minuenden und einem Subtrahenden: a – b = c
  a: Minuend, b: Subtrahend, c: Differenzwert
- *Weisheit:* Klammer zu viel schadet nie.
- Vorüberlegung:
  Wichtig ist hier das Verb „Subtrahiere". Es handelt sich somit um eine Subtraktion, deren Minuend wiederum eine Subtraktion ist und dem Subtrahenden, der eine Summe ist.

Differenz der Zahlen –15 und –31: (–15 - (31))
Summe von 22 und –32: (22 + (–32))
Gesamtterm: **(–15 - (–31)) - (22 + (–32))**
= (–15 + 31) - (22 –32) = 16 - (–10) = 16 + 10 = **26**

Aufgabe 4

Gegeben sind die Zahlen –31, 15 und –16.
Verbinde die Zahlen so durch Rechenzeichen miteinander, dass du die folgenden Ergebnisse erhältst:
a) –32 b) 0

Tipps und Hinweise
zu a) Da –32 das Ergebnis sein soll, ist die erste Zahl schon „gesetzt". Dann müssen die beiden anderen Zahlen + 15 und - 16 zusammen gerechnet –1 ergeben.

a) - 32 = **- 31 +15 - 16**
b) 0 = **- 31 + 15 - (- 16)** = - 31 + 31 = 0

Aufgabe 5 ✔

Ein Flugzeug hat Platz für 364 Passagiere. Es fliegt von München über London nach New York. Wie viele Personen könnten in London in letzter Minute noch zusteigen, wenn beim Abflug in München zunächst 328 Passagiere an Bord waren und in London 115 ausgestiegen und 97 zugestiegen sind?
Versuche <u>einen</u> Term aufzuschreiben, mit dem du die Lösung errechnen kannst.

Tipps und Hinweise
Habe die Anzahl der freien Plätze über die gesamte Flugdauer im Auge. Die Anzahl der freien Plätze berechnet sich 1.) aus der Anzahl freien Plätze beim Start (364 - 328) und 2.) durch die neu entstehenden freien Plätze in London (115 - 97).

Gesamtterm: (364 – 328) + (115 – 97) = 36 + 18 = 54
Antwort: In London könnten noch **54 Personen** (aus der Warteliste) in letzter Minute einsteigen.

Lösung
Schulaufgabe
2.1

Aufgabe 6

a) Trage die Punkte T(0 | –1) und B(2 | 1) in ein Koordinatensystem ein. Liegen die Punkte C(0 | 1), D(3 | 3) und E(–1 | –2) auf der Geraden TB? Platz: $-2 < x < 4$, $-2 < y < 5$
b) Zeichne die Menge K aller Punkte, die von M(1 | 2) den Abstand r = 2 cm haben.
c) Welche Punkte haben die Menge K und die Gerade TB gemeinsam? Lies aus der Zeichnung die Koordinaten ab.
d) Wie nennt man die Gerade TB in Bezug zur Menge K?

Tipps und Hinweise

- zu a) Zeichne sauber. Gehe vorher deine Hände waschen!
- zu b) Es handelt sich um einen Kreis mit dem Mittelpunkt M und dem Radius r. Man schreibt auch k(M; r): d.h. die Menge aller Punkte sind alle Punkte auf der Kreislinie.
- zu c) Lerne die Begriffe auswendig: *Sekante* – Gerade, die den Kreis in zwei Punkten schneidet, *Passante* – schneidet den Kreis nicht und *Tangente* – Gerade, die den Kreis im Berührpunkt berührt.

a) und b)

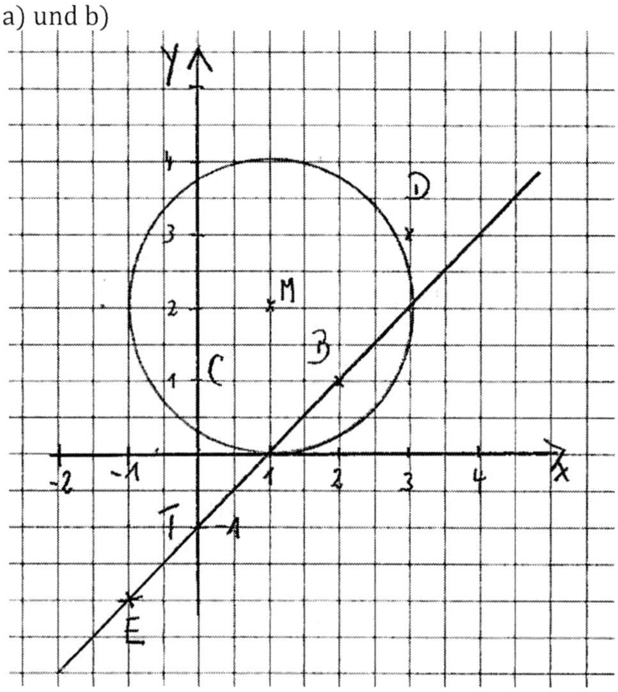

c) Es sind die Punkte mit den Koordinaten (1 |0) und (3 | 2).
d) Die Gerade TB schneidet den Kreis K in zwei Punkte und heißt somit **Sekante.**

Gesamt 28 Punkte

Punkte	28-27	26	25-24	23-22	21-19	18-17	16-15	14-11	10-6	5-3	2-0
Note	1	1,5	2	2,5	3	3,5	4	4,5	5	5,5	6

2. Schulaufgabe aus der Mathematik

Aufgabe 1

Erstelle einen Term, berechne seinen Wert und gib, wenn gefordert, einen Antwortsatz an.
Löse auf einem Beiblatt.

a) Addiere 23566 zur Zahl 2789.

b) Wie groß ist der Wert der Differenz aus dem Subtrahenden 287 und dem Minuenden 321?

Aufgabe 2

Wie würde sich der exakte Wert des Terms ändern, wenn man alle Zahlen um 3 vergrößern würde?
Begründe, ohne den Termwert zu berechnen!
(451 + 3017) - (577 - 401)

Aufgabe 3

Vervollständige den Term und den Gliederungsbaum (Δ steht für ein Rechenzeichen, □ steht für eine natürliche Zahl)

(245 Δ □) - [(□ + 45) Δ □]

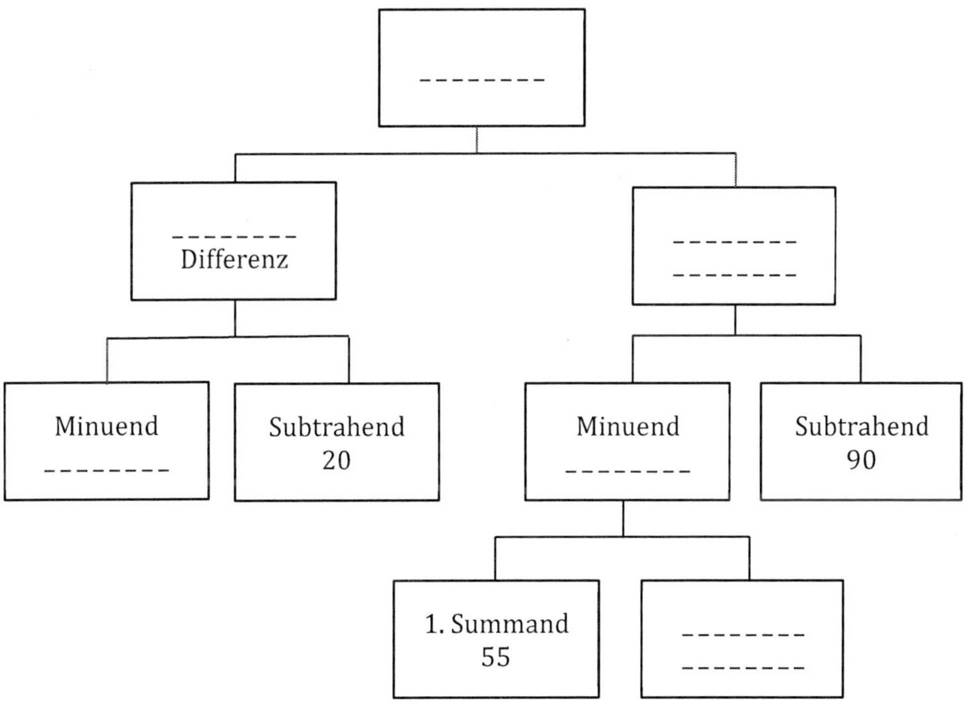

Aufgabe 4

Berechne auf einem Beiblatt (nutze gegebenenfalls Vorteile):

a) 0 - (- 28 + 730) - 28 - (- 501 - 730)

b) + 464 + (- 149) - 64 - (- 600) + (- 51)

bitte wenden!

Aufgabe 5

Welcher der unten genannten Terme hat den größten Wert und welcher den kleinsten? Berechne dazu den Wert eines jeden einzelnen Terms.

a) $+ 44 + (-444)$ b) $-44 - (-444)$ c) $-44 - |-444|$

d) $|+44 + (-444)|$ e) $|-44| - (-444)$

Aufgabe 6

Herr Feuerstein zahlt 730 € auf sein Bankkonto ein. Sein Konto hat danach einen Stand von −170 €. Wie viel € betrug der Kontostand vor der Einzahlung? Schreibe deine Rechnung auf.

Aufgabe 7

Ein Omnibusunternehmen hat vier Busse, die zusammen 211 Fahrgäste transportieren können. Drei der Busse haben gleich viele Plätze, der vierte Bus hat 25 Sitzplätze weniger. Die Klasse 5a möchte einen Omnibus für einen Ausflug mieten. 30 Schüler und 2 Lehrerinnen nehmen an dem Ausflug teil.
Müssen sie den kleineren oder größeren Bus mieten? (Begründe)

Viel Erfolg !

mögliche Punkteverteilung

Aufgabe	1a	1b	2	3	4a	4b	5a	5b	5c	5d	5e	6	7	
Punkte	2	2	3	6	3	3	1	1	1	1	1	4	**3**	**31**

Lösung Schulaufgabe 2.2

Lösung
Schulaufgabe
2.2

Aufgabe 1

Erstelle einen Term, berechne seinen Wert und gib, wenn gefordert, einen Antwortsatz an.
Löse auf einem Beiblatt.
a) Addiere 23566 zur Zahl 2789.
b) Wie groß ist der Wert der Differenz aus dem Subtrahenden 287 und dem Minuenden 321?

Tipps und Hinweise

- Unbedingt die lateinischen Begriffe lernen: Summe = Summand 1 + Summand 2
  Differenz = Minuend – Subtrahend
- Erwähne in dem Antwortsatz auch diese Begriffe, aber Achtung: nur wenn du die auch wirklich weißt und dir sicher bist.

a)

		2	7	8	9	
+	2	3	5	6	6	
		1	1	1		
	2	6	3	5	5	

b)

		3	2	1	
		1	1		
-		2	8	7	
			3	4	

a) Die Summe der beiden Zahlen 23566 und 2789 beträgt 26355.
b) Die Differenz beträgt 34.

Aufgabe 2

Wie würde sich der exakte Wert des Terms ändern, wenn man alle Zahlen um 3 vergrößern würde?
Begründe, ohne den Termwert zu berechnen! (451 + 3017) - (577 - 401)

Es handelt sich um eine Differenz, wobei der Minuend eine Summe ist und der Subtrahend auch eine Differenz ist.
Die Summe wird um insgesamt 6 größer. Beim Minuenden heben sich die Erhöhungen um 3 auf. Insgesamt erhöht sich der Wert des Terms um 6.

Aufgabe 3

Vervollständige den Term und den Gliederungsbaum (Δ steht für ein Rechenzeichen, □ für eine natürliche Zahl)

(245 Δ □) – [(□ + 45) Δ □] = (245 – 20) – [(55 + 45) – 90]

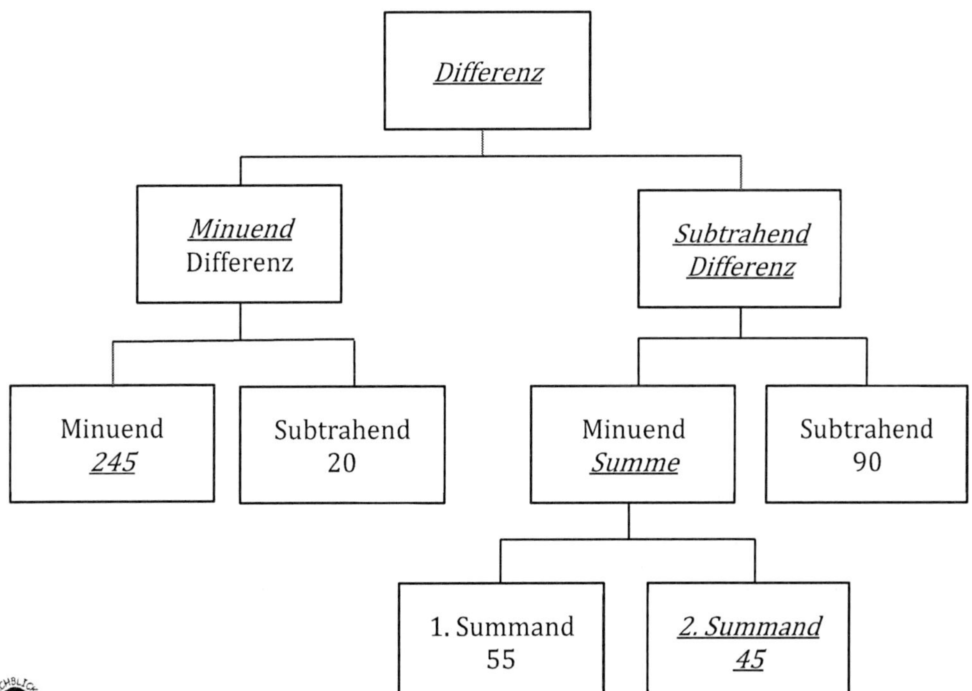

Tipps und Hinweise

- ☐ kann für verschiedene Zahlen stehen, ebenso Δ für verschiedene Rechenzeichen.
- Zur Lösung des Terms musst du den Gliederungsbaum lesen und umgekehrt den Term.
- Die zu suchenden Zahlen 245 und 45 im Gliederungsbaum liest du aus dem Term ab.
- Die zu suchenden Zahlen 20, 55 und 90 im Term liest du aus dem Gliederungsbaum ab.
- Summe = Summand 1 und Summand 2, Differenz = Minuend – Subtrahend liefern dir die Bezeichnungen.
- Das 1. Δ ist ein –, da der Gliederungsbaum dir sagt, dass es sich um eine Differenz handelt.
- Das 2. Δ ist auch ein –, da die Verwendung von Minuend und Subtrahend eine Differenz bedeutet, also ein – Zeichen.

Aufgabe 4 ✔

Berechne auf einem Beiblatt (nutze gegebenenfalls Vorteile):

a) 0 - (- 28 + 730) - 28 - (- 501 - 730)
b) +464 + (- 149) - 64 - (- 600) + (- 51)

Tipps und Hinweise

- zu a) Immer zuerst die Klammern ausrechnen. Möglichst den gesamten Term auf einmal berechnen, nicht abschnittsweise, d.h. eine Unterteilung des Terms ist nicht notwendig. Es gibt offensichtlich keine Rechenvorteile. Nicht durch die 0 irritieren lassen!
- zu b) Schreibe mit Hilfe von Vorzeichen in eine Summe um, vertausche und setze dann Klammern.
- zu b) (+) · (+) = (+) (+) · (-) = (-) (-) · (+) = (-) (-) · (-) = (+)

a)
0 – (–28 + 730) – 28 – (–501 – 730) = | Klammern ausrechnen
– (+702) – 28 – (–1231) = | Vor- und Rechenzeichen verbinden
– 702 – 28 + 1231 = – 730 + 1231 = **501**

b) +464 + (–149) – 64 – (–600) + (–51) = | Schreibe mithilfe von Vorzeichen in eine Summe
(+464) + (–149) + (–64) + (+600) + (–51) = | Vertausche geschickt
(+464) + (–64) + (–149) + (–51) + (+600) = | Setze geschickt Klammern und berechne
[(+464) + (–64)] + [(–149) + (–51)] + (+600) =
(+400) + (–200) + (+600) = **800**

Aufgabe 5

Welcher der unten genannten Terme hat den größten Wert und welcher den kleinsten? Berechne dazu den Wert eines jeden einzelnen Terms.
a) + 44 + (- 444) b) - 44 - (- 444) c) - 44 - |- 444| d) |+ 44 + (- 444)| e) |- 44| - (- 444)

Tipps und Hinweise
Der Betrag macht aus jeder negativen Zahl eine positive. Eine positive Zahl bleibt durch ihren Betrag aber positiv.

a) + 44 + (- 444) = + 44 - 444 = - 400
b) - 44 - (- 444) = - 44 + 444 = + 400
c) - 44 - |- 444| = - 44 - 444 = - 488
d) |+ 44 + (- 444)| = | 44 - 444| = |- 400| = 400
e) |- 44| - (- 444) = 44 + 444 = + 488

Der Term von e) hat den Wert **+488** und ist damit am größten.
Der Term von c) hat den Wert **–488** und ist damit am kleinsten.

Aufgabe 6 ✔

Herr Feuerstein zahlt 730 € auf sein Bankkonto ein. Sein Konto hat danach einen Stand von -170 €. Wie viel € betrug der Kontostand vor der Einzahlung? Schreibe deine Rechnung auf.

Tipps und Hinweise
- Gerade bei Textaufgaben ist es ratsam deine Gedanken bzw. Lösungsidee in kurzen Sätzen niederzuschreiben. Eine saubere Schrift und Form sind äußerst wichtig.
- Es werden zwei Lösungsvarianten vorgeschlagen, eine mit bloßem Rechnen und eine mit Termansatz.

Lösungsvariante 1: (Nur Rechnung und logische Überlegung)
Vor der Einzahlung hat Herr Feuerstein demnach noch mehr Minus gehabt, nämlich genau - 730 € mehr zu seinen noch immer -170 €. Also:

-730 € + (- 170 €) = - 730 € - 170 € = - 900 €

Antwort: Herr Feuerstein hatte vorher einen Kontostand von **-900 €.**

Lösungsvariante 2: Mit x-Ansatz: (Dabei bedeutet x der vorherige Kontostand)

x + 730 € = - 170 €, dann folgt daraus:

x = -170 € - 730 € = - 900 € (Umkehraufgabe)

Antwort: Herr Feuerstein hatte vorher einen Kontostand von **-900 €.**

Aufgabe 7

Ein Omnibusunternehmen hat vier Busse, die zusammen 211 Fahrgäste transportieren können. Drei der Busse haben gleich viele Plätze, der vierte Bus hat 25 Sitzplätze weniger. Die Klasse 5a möchte einen Omnibus für einen Ausflug mieten. 30 Schüler und 2 Lehrerinnen nehmen an dem Ausflug teil. Müssen sie den kleineren oder größeren Bus mieten? (Begründe)

Überlegung: Wenn alle vier Busse die gleiche Anzahl Fahrgäste transportieren könnten, hätten 211 + 25 = 236 insgesamt Platz. Das sind pro Bus dann 236 : 4 = 59 Plätze.
Der vierte (kleinere) Bus hat dann 59 − 25 = 34 Plätze.
Antwort: Die Klasse kann den kleineren Bus mieten, da dieser Platz für 34 Fahrgäste hat und 32 Sitzplätze werden nur benötigt.

Gesamtpunkte: **31**

Punkte	31-30	29	28-26	25-23	22-20	19-18	17-16	15-11	10-6	5-3	2-0
Note	1	1,5	2	2,5	3	3,5	4	4,5	5	5,5	6

Was ist
eine
„Orthogonale“
?

Kommutativ-,
Assoziativ-
und
Distributivgesetz
!

Wie rechne ich mit
Quotient und
Produkt bei ganzen
Zahlen
?

Was ist ein
überstumpfer
Winkel
?

Sekante,
Passante,
Tangente
!

Schulaufgaben 3

Was sind
symmetrische
Figuren
?

Baumdiagramme
braucht man zum
Gliedern von
Termen
!

Große
Terme
ganz klein
!

3. Schulaufgabe aus der Mathematik

Aufgabe 1

a) Zeichne in einem Koordinatensystem die Punkte A(2|2), B(−2|1) und C(−2|−4) und D(4|1) ein. Platzbedarf $-3 < x < 5$; $-5 < y < 5$

b) Zeichne die Gerade AB und die Strecke $\overline{BC}$ ein.

c) Zeichne das Lot auf AB durch den Punkt D ein und bezeichne es mit s.

d) Miss mit dem Geodreieck die Länge $|\overline{AB}|$ und den Abstand des Punktes C auf die Gerade AB.

e) Zeichne die Parallele zu AB durch den Punkt C und bezeichne sie mit p.

f) Die Parallelen AB und p, die Strecke $\overline{BC}$ und das Lot s schließen ein Viereck ein. Um was für ein besonderes Viereck handelt es sich?

Aufgabe 2

a) Zeichne ein Rechteck ABCD mit den Seitenlängen 8 cm und 5 cm. M ist der Mittelpunkt von $\overline{AB}$, S der Mittelpunkt von $\overline{AC}$.

b) Miss in deiner Figur die Größen der folgenden Winkel und benenne sie mit den ersten Buchstaben des griechischen Alphabets. Bestimme die Winkelarten.

∢MAC = ______ ∢ ASB = ______ ∢ CSM= ______ ∢ BSD= ______

c) Zeichne eine Gerade g durch A so, dass der Winkel zwischen $\overline{AB}$ und g die Größe 47° hat.

d) Bestimme nun durch Rechnung die Größe und die Art des Winkels zwischen g und $\overline{AD}$.

Aufgabe 3

Entscheide jeweils, ob die Aussage richtig oder falsch ist. Gib bei falschen Aussagen ein Gegenbeispiel (z.B. mit einer Zeichnung).

	Aussage	richtig	falsch
a)	Jedes Rechteck ist ein Quadrat		
b)	Jedes Quadrat ist ein Parallelogramm		
c)	Jede Raute ist ein Drachen		
d)	Jedes Trapez ist ein Rechteck		
e)	Es kann keine Raute geben, die auch ein Rechteck ist		

Aufgabe 4

Pippi Langstrumpf möchte ihre Villa Kunterbunt neu bemalen. Für die Türen stehen ihr die Farben rot, blau und grün, für die Fensterläden die Farben rot und gelb sowie für die Wände die Farben blau und lila zur Verfügung.
Auf wie viele Arten kann sie ihre Villa bemalen?
Zeichne hierzu ein Baumdiagramm mit den entsprechenden Beschriftungen!

Aufgabe 5

Gegeben ist folgender Term:

$11 \cdot 10 + (12 - 25 : 5)$

a) Erstelle einen Gliederungsbaum!

b) Berechne den Term!

bitte wenden!

Aufgabe 6

a) Ergänze, wobei a, b und c natürliche Zahlen sind:

$a \cdot b + a \cdot c =$ ________________

Wie heißt das Gesetz? ____

b) Gib an, bei welcher Aufgabe es geschickter ist, das Distributivgesetz anzuwenden und berechne:

(1) $(33 \cdot 34) + (66 \cdot 33) =$

(2) $88 \cdot (882 - 782) =$

(3) $36 \cdot 8 - 6 \cdot 8 \cdot 6 =$

Viel Erfolg !

mögliche Punkteverteilung

Aufgabe	1a	1b	1c	1d	1e	1f	2a	2b	2c	2d	3	4	5a	5b	6a	6b	
Punkte	2	2	2	1	2	1	2	4	2	2	5	4	3	3	1	6	**42**

Gesamt 42 Punkte

Punkte	42-41	40-39	38-35	34-31	30-26	25-23	22-20	19-14	13-8	7-4	3-0
Note	1	1,5	2	2,5	3	3,5	4	4,5	5	5,5	6

Bemerkungen zu Schulaufgabe 3.1

Aufgabe 1
Diese Aufgabe verlangt fast alle geometrischen Grundkenntnisse darzustellen: Gerade, Strecke, Parallele, Senkrechte, Abstand. Der Schwierigkeitsgrad ist mittel, eher leicht. Es wird oft kompliziert, wenn du in einer Zeichnung sehr viel zeichnen musst. In Teilaufgabe f) wird dann noch nach dem Namen eines Vierecks gefragt. Oft musst du auch noch ein Viereck einzeichnen bzw. zu einem Viereck ergänzen.

Aufgabe 2
Auch hier handelt es sich um eine klassische Standardaufgabe. Hier musst du Winkel ablesen. Achte genau auf die Winkelbezeichnung. Diese entscheidet, ob es sich um einen spitzen oder stumpfen Winkel handelt. Auch die Winkelarten (spitz, stumpf, überstumpf, ...) solltest du bestimmen können. Eine ähnliche Prüfung ist Aufgabe 2 aus Schulaufgabe 3.2.

Aufgabe 3
Haus der Vierecke. Die Eigenschaften der Vierecke solltest du können bzw. auswendig lernen. Wenn du gut gelernt hast, ist diese Aufgabe relativ einfach. Das gleiche gilt für Aufgabe 1 aus Schulaufgabe 3.2.

Aufgabe 4
Klassische Aufgabe für ein Baumdiagramm. Auch das solltest du unbedingt beherrschen, denn Baumdiagramme und das Zählprinzip sind Voraussetzungen für deine weitere Mathematik-Schulkarriere.

Aufgabe 5
Das Erstellen eines Gliederungsbaumes ist relativ happig, weil du viel zeichnen musst. Der Term ist auch nicht zu einfach, denn er setzt sich aus verschiedenen Operanden zusammen. Schwierigere Standardaufgabe!

Aufgabe 6
Teil a) ist eine reine Lernaufgabe. In Aufgabe b) musst du schon ein bisschen nachdenken. Aber der Schwierigkeitsgrad hält sich in Grenzen.

Bemerkungen zu Schulaufgabe 3.2

Aufgabe 3
Diese Algebra-Aufgabe ist eine reine Lernaufgabe. Etwas komplexer ist die Primfaktorenzerlegung. Primzahlen und Quadratzahlen sind teilweise aus der Grundschule bekannt. Einige Lehrkräfte nehmen diese Lerneinheit gleich am Anfang des Schuljahres durch. Aufpassen!

Aufgabe 4
Platzhalteraufgaben dieser Art sind anspruchsvoll. Die Zahl „0“ spielt bei solchen Aufgabe oft eine wichtige Rolle.

Aufgabe 5
Klassische Maßstabsaufgabe. Anspruchsvoll!

Fazit
Beide Schulaufgaben sind mittelschwer, teilweise anspruchsvoll, aber fair. Achtung: Ihr müsst die Menge der Aufgaben innerhalb einer Schulstunde lösen können.

Lösung Schulaufgabe 3.1

Lösung
Schulaufgabe
3.1

Zeit: 55 Minuten

Aufgabe 1 ✔

a) Zeichne in einem Koordinatensystem die Punkte A(2|2), B(−2|1) und C(−2|−4) und D(4|1) ein.
b) Zeichne die Gerade AB und die Strecke $\overline{BC}$ ein.
c) Zeichne das Lot auf AB durch den Punkt D ein und bezeichne es mit s.
d) Miss mit dem Geodreieck die Länge $|\overline{AB}|$ und den Abstand des Punktes C auf die Gerade AB.
e) Zeichne die Parallele zu AB durch den Punkt C und bezeichne sie mit p.
f) Die Parallelen AB und p, die Strecke $\overline{BC}$ und das Lot s schließen ein Viereck ein.
Um was für ein besonderes Viereck handelt es sich?

Tipps und Hinweise

- zu b) AB bedeutet eine Gerade durch die Punkte A und B, also, zeichne die Gerade über die Punkte A und B hinaus.
- zu b) $\overline{BC}$ bedeutet eine Strecke. Die Strecke darf nicht über die Punkte B und C hinaus gezeichnet werden.
- zu c) Das Lot wird auch Senkrechte genannt und ist hier auch eine Gerade. Diese bildet mit AB einen 90° Winkel.
- zu d) Der Abstand des Punktes zur Geraden AB ist die Länge des Lotes von C auf AB. Und nicht die Länge der Strecke $\overline{BC}$. Die Länge des Lotes ist die kürzeste Entfernung zu der Geraden.
- zu e) Falls die Breite des Geodreiecks nicht ausreicht, musst du Hilfslinien (Parallele zu AB, die nicht durch C gehen muss) schaffen. Dann zeichnest du von dieser Hilfsparallelen, die Parallele durch C.
- zu f) Denke daran, das Viereck hat zwei parallele Seiten.

a) und b) und c)

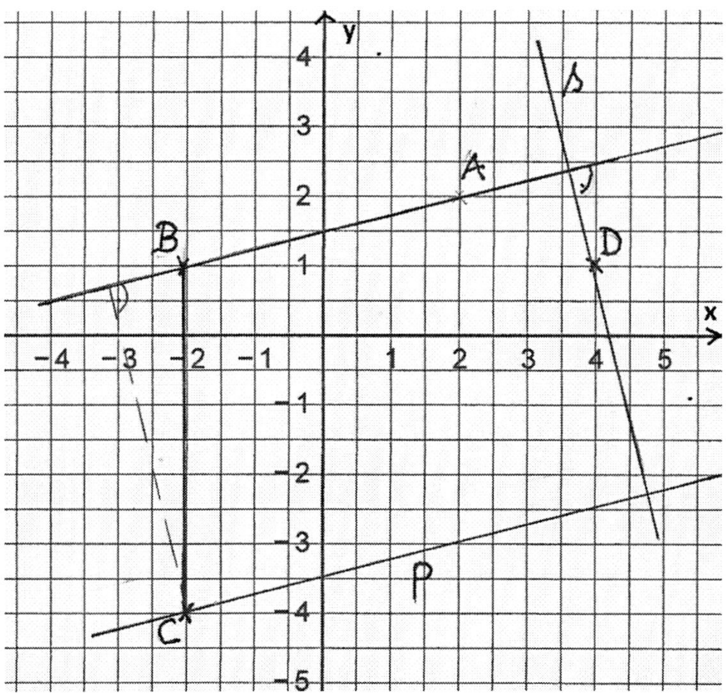

d) $|\overline{AB}|$ = **4 cm;** Abstand C auf AB = **4,8 cm.**

e) Das Viereck ist ein **Trapez.**

Lösung Schulaufgabe 3.1

Aufgabe 2

a) Zeichne ein Rechteck ABCD mit den Seitenlängen 8 und 5 cm. M ist der Mittelpunkt von $\overline{AB}$, S der Mittelpunkt von $\overline{AC}$.

b) Miss in deiner Figur die Größen der folgenden Winkel und benenne sie mit den ersten Buchstaben des griechischen Alphabets. Bestimme die Winkelarten.

∢MAC =______ ∢ASB =______ ∢ CSM=______ ∢ BSD=_______

c) Zeichne eine Gerade g durch A so, dass der Winkel zwischen $\overline{AB}$ und g die Größe 47° hat.

d) Bestimme nun durch Rechnung die Größe des Winkels zwischen g und $\overline{AD}$.

a) und c)

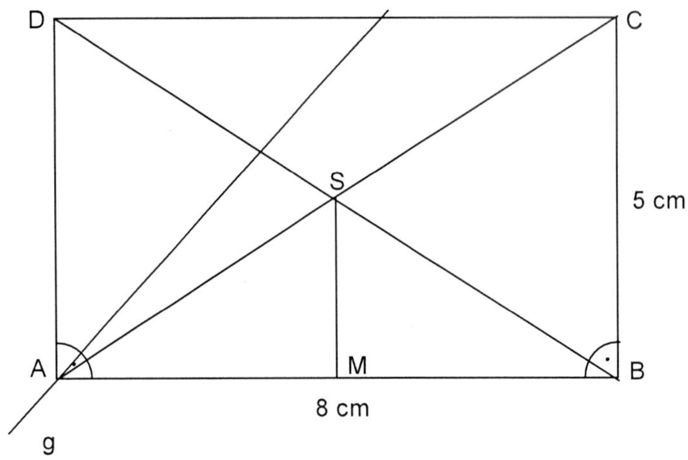

b)

Winkel	∡ MAC	∡ ASB	∡ CSM	∡ BSD
Winkelgröße	$\alpha = 32°$	$\beta = 117°$	$\gamma = 238°$	$\delta = 180°$
Winkelart	spitzer W.	stumpfer W.	überstumpfer W.	gestreckter W.

d) $\overline{AD}$ und $\overline{AB}$ stehen senkrecht aufeinander. Somit ist der Winkel ∡ BAD = 90°.
Folglich hat der Winkel ∡ (g, $\overline{AD}$)) die Größe 90° – 47° = **43°.**

Aufgabe 3 ✔

Entscheide jeweils, ob die Aussage richtig oder falsch ist. Gib bei falschen Aussagen ein Gegenbeispiel (z.B. mit einer Zeichnung).

> *Hinweise und Tipps*
> zu b) Das Quadrat hat jeweils zwei parallele Seiten und ist somit ein Parallelogramm.
> zu c) Ein Viereck mit einer Diagonale als Achse heißt Drachen. Das trifft auch für die Raute zu.

	Aussage	richtig	falsch
a)	Jedes Rechteck ist ein Quadrat		X
b)	Jedes Quadrat ist ein Parallelogramm	X	
c)	Jede Raute ist ein Drachen	X	
d)	Jedes Trapez ist ein Rechteck		X
e)	Es kann keine Raute geben, die auch ein Rechteck ist		X

zu a) Nein, es gilt aber: Jedes Quadrat ist ein (besonderes) Rechteck.

zu d) 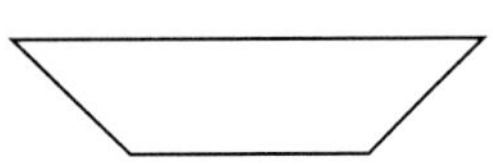 Ein Trapez muss keine 90°-Winkel besitzen.

zu e) Ein Quadrat ist auch eine Raute. Ein Quadrat ist aber auch ein Rechteck. 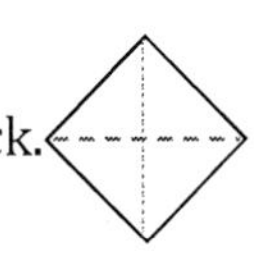

Aufgabe 4 ✓

Pippi Langstrumpf möchte ihre Villa Kunterbunt neu bemalen. Für die Türen stehen ihr die Farben rot, blau und grün, für die Fensterläden die Farben rot und gelb sowie für die Wände die Farben blau und lila zur Verfügung.
Auf wie viele Arten kann sie ihre Villa bemalen?
Zeichne hierzu ein Baumdiagramm mit den entsprechenden Beschriftungen!

Tipps und Hinweise

- Fast alle Aufgaben der Zufallssuche in der 5. Klasse kannst du mit dem „Zählprinzip" lösen. Das Zählprinzip wird auch Produktregel genannt:
  Bei einer Aufgabe, die aus mehreren nacheinander auszuführenden Teilen besteht und bei der es für den 1. Teil n_1 Möglichkeiten, für den 2. Teil n_2 Möglichkeiten, für den 3. Teil n_3 Möglichkeiten usw. gibt, dann gibt es insgesamt $n_1 \cdot n_2 \cdot n_3$ ... Möglichkeiten, d.h. die verschiedenen Möglichkeiten werden multipliziert.
- Die andere Möglichkeit zur Lösung ist das Zeichnen eines Baumdiagramms und Ablesen der verschiedenen Wege.
- Ein Baumdiagramm kann nach unten sehr breit werden. Zeichne deshalb die Äste in der 1. Stufe so weit wie möglich auseinander.
- Da in dieser Aufgabe das Zeichnen eines Baumdiagramms verlangt wird, und du somit die Anzahl ablesen kannst, lässt sich das Zählprinzip als Probe anwenden.

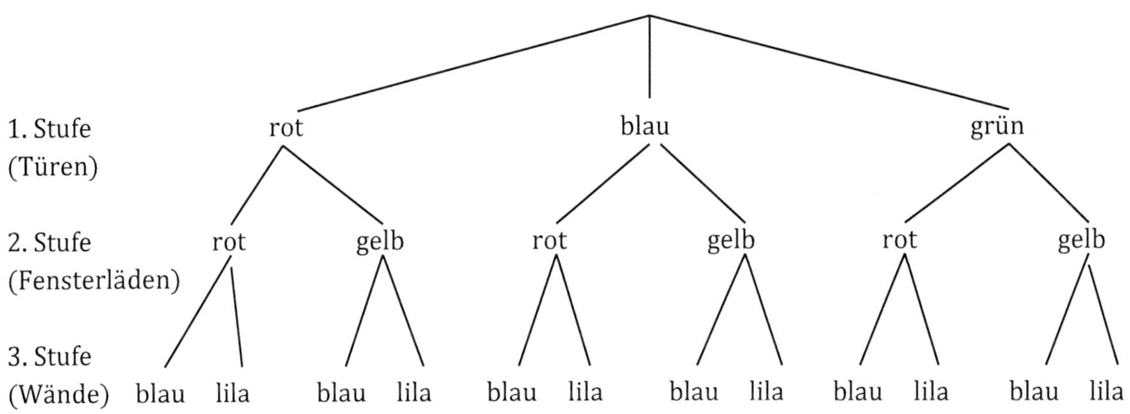

Durch Ablesen erhält man **12 Möglichkeiten,** die Villa Kunterbunt zu bemalen.

Berechnung nach dem Zählprinzip: (Probe)
Für die 1. Stufe gibt es 3 Möglichkeiten.
Für die 2. Stufe gibt es 2 Möglichkeiten.
Für die 3. Stufe gibt es 2 Möglichkeiten.
Insgesamt gibt es dann $3 \cdot 2 \cdot 2 = 12$ Möglichkeiten

Aufgabe 5 ✓

Gegeben ist folgender Term: $11 \cdot 10 + (12 - 25 : 5)$
a) Erstelle einen Gliederungsbaum!
b) Berechne den Term!

Tipps und Hinweise

- Mit Hilfe eines Gliederungbaums kannst du einen Term sehr gut gliedern.
- Dabei musst du alle lateinischen Begriffe für die Rechenarten kennen.
- Die Klammer ist nicht notwendig. Du hättest für die Gliederung auch eine Differenz als Start nehmen können: $(11 \cdot 10 + 12) - 25 : 5$

Lösung Schulaufgabe 3.1

a)

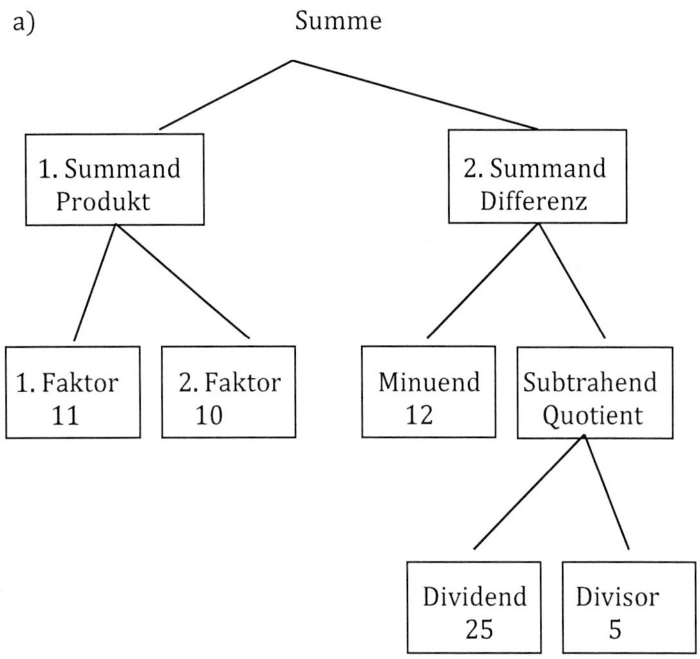

b)

$11 \cdot 10 + (12 - 25 : 5) =$ | Punkt- vor Strichrechnung

$110 + (12 - 5) = 110 + 7 = \mathbf{117}$

Aufgabe 6

a) Ergänze, wobei a, b und c natürliche Zahlen sind:

$a \cdot b + a \cdot c =$ ______________

Wie heißt das Gesetz? ____

b) Gib an, bei welcher Aufgabe es geschickter ist, das Distributivgesetz anzuwenden und berechne:

(1) $(33 \cdot 34) + (66 \cdot 33) =$ (2) $88 \cdot (882 - 782) =$ (3) $36 \cdot 8 - 6 \cdot 8 \cdot 6 =$

Tipps und Hinweise

- Das Distributivgesetz erspart dir sehr viel Rechenarbeit. In der Regel brauchst du keine Nebenrechnung, da die Anwendung des Distributivgesetzes eine „einfache" Multiplikation ermöglicht.
- zu a) Man nennt den Rechenvorgang von links nach rechts auch „Ausmultiplizieren einer Klammer", den Rechenvorgang von rechts nach links „Ausklammern".
- zu b1) Kommutativgesetz (Vertauschung)
- zu b2) Hier bringt dir das Ausmultiplizieren keinen Vorteil. Die Differenz innerhalb der Klammer ist 10.
- zu b3) Hier solltest du gleich sehen, dass Minuend und Subtrahend gleich sind, also der Wert der Differenz 0 ist.

a) $a \cdot b + a \cdot c = \mathbf{a \cdot (b + c)}$

Das Gesetz heißt **Distributivgesetz der Addition.**

b1) $(33 \cdot 34) + (66 \cdot 33) =$ | Kommutativgesetz anwenden

$(33 \cdot 34) + (33 \cdot 66) =$ | Distributivgesetz anwenden

$33 \cdot (34 + 66) = 33 \cdot 100 = \mathbf{3300}$

b2) $88 \cdot (882 - 782) = 88 \cdot (100) = \mathbf{8800}$ |Gleich ausrechnen

b3) $36 \cdot 8 - 6 \cdot 8 \cdot 6 =$ | Gleich ausrechnen

$36 \cdot 8 - 6 \cdot 6 \cdot 8 = 36 \cdot 8 - 36 \cdot 8 = \mathbf{0}$

3. Schulaufgabe aus der Mathematik

Aufgabe 1

a) Welches Viereck, das kein Quadrat ist, hat die folgenden Eigenschaften?
Alle Seiten sind gleich lang und die Diagonalen stehen senkrecht aufeinander.

b) Zeichne ein solches Viereck!

c) Nenne alle anderen Eigenschaften des Vierecks!

Aufgabe 2

Notiere die eingezeichneten Winkel mit Hilfe der angegebenen Punkte bzw. Geraden, miss die Winkelgrößen und gib jeweils die Art des Winkels an.

a)

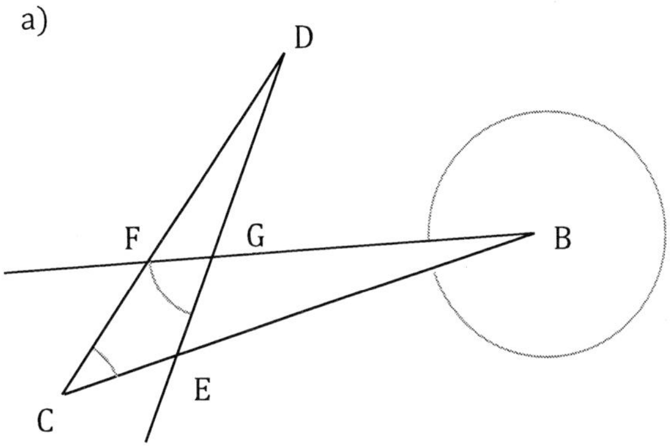

b)

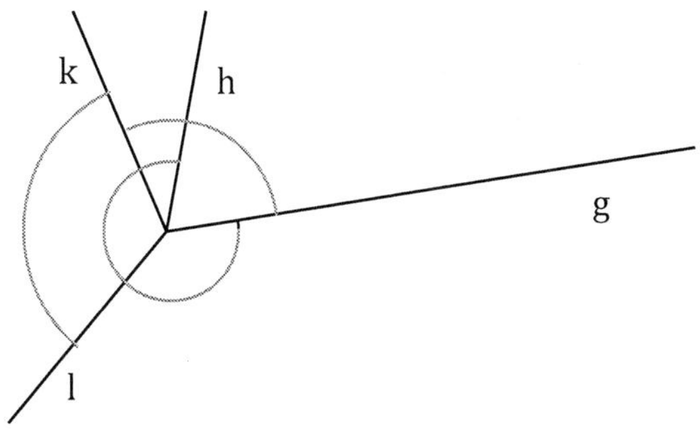

Aufgabe 3

a) Bestimme die Primfaktorenzerlegung von 1764 und 59 400 und schreibe das Ergebnis jeweils in Potenzschreibweise!

b) Nenne alle Primzahlen zwischen 40 und 50!

c) Gib die Quadratzahlen von 14 und 17 an!

Aufgabe 4

Setze für den Platzhalter die fehlende Zahl ein. Beschreibe kurz deine Ideen:

a) $(4 \cdot ♥ - 36) : 27 = 0$

b) $9 \cdot (7 - ♠) = 63$

Aufgabe 5

Wie viele vierstellige Zahlen lassen sich aus den Ziffern 1 bis 9 bilden,

a) wenn jede Ziffer mehrmals verwendet werden darf?

b) wenn in jeder dieser Zahlen keine Ziffer mehrfach auftreten darf?

c) wenn zusätzlich die Null zugelassen ist (aber nicht an erster Stelle) und jede Ziffer mehrfach auftreten darf?

Aufgabe 6

Max und Moritz wandern zu Fuß. Nach 12 km machen Sie eine Rast im Gasthaus „Zur kühlen Einkehr". Dort treffen sie Eva und Anna, die mit dem Rad unterwegs sind. Max schaut auf seine Wanderkarte, die den Maßstab 1:25 000 hat.

a) Wie viele cm entspricht auf der Karte die gewanderte Strecke von 12 km?

b) Eva sagt, wir sind die gleiche Strecke mit dem Rad gefahren. Aber auf unserer Karte ist die Kartenstrecke nur ½ so lang, wie ihr gemessen habt. Welchen Maßstab hat Evas Radfahrkarte?

c) Erkläre kurz, warum in den Karten unterschiedliche Maßstäbe zu Grunde gelegt worden sind!

Viel Erfolg !

mögliche Punkteverteilung

Aufgabe	1a	1b	1c	2a	2b	3a	3b	3c	4a	4b	5a	5b	5c	6a	6b	6c	
Punkte	2	2	2	3	3	4	1	1	3	3	2	2	2	3	2	1	**36**

Lösung Schulaufgabe 3.2

Zeit: 40 Minuten

Aufgabe 1

a) Welches Viereck, das kein Quadrat ist, hat die folgenden Eigenschaften?
Alle Seiten sind gleich lang und die Diagonalen stehen senkrecht aufeinander.
b) Zeichne ein solches Viereck!
c) Nenne alle anderen Eigenschaften des Vierecks!

Tipps und Hinweise

- Ein Quadrat ist nicht die vollständige Lösung. Denn das Quadrat ist eine Raute mit gleich langen Diagonalen und somit nicht allgemein genug.
- Die Diagonalen halbieren sich.
- Der Schnittwinkel der Diagonalen muss 90^0 sein.
- Die Diagonalen sollen unterschiedlich lang sein, denn sonst hättest du den Sonderfall eines Quadrates.
- Es sollten mindestens vier Eigenschaften genannt werden.

a) Eine **Raute** hat vier gleich lange Seiten und die Diagonalen stehen senkrecht aufeinander.

b)

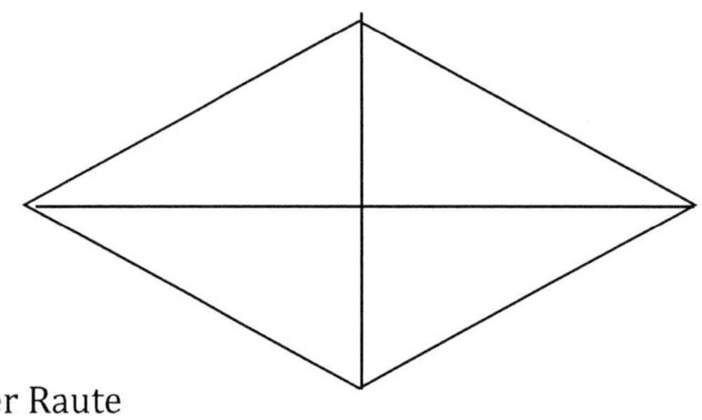

c) Bei einer Raute
- sind gegenüberliegende Seiten parallel.
- sind die beiden Diagonalen Symmetrieachsen.
- halbieren sich die Diagonalen einander.
- sind gegenüberliegende Winkel gleich groß.
- wird jeder Innenwinkel durch eine Diagonale halbiert.

Aufgabe 2

Notiere die eingezeichneten Winkel mit Hilfe der angegebenen Punkte bzw. Geraden, miss die Winkelgrößen und gib jeweils die Art des Winkels an.

a)

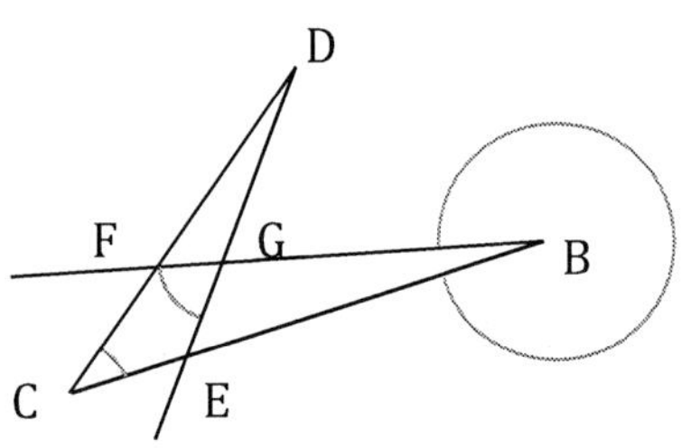

$\sphericalangle BCD = \alpha = 38°$	spitzer Winkel
$\sphericalangle FGE = \beta = 65°$	spitzer Winkel
$\sphericalangle EBG = \gamma = 345°$	überstumpfer Winkel

b)

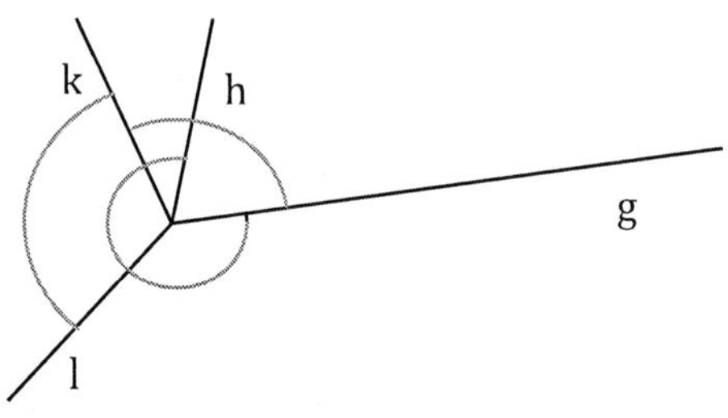

$\sphericalangle gk = \alpha = 105°$	stumpfer Winkel
$\sphericalangle hg = \beta = 289°$	überstumpfer Winkel
$\sphericalangle kl = \gamma = 115°$	stumpfer Winkel

Aufgabe 3 ✔

a) Bestimme die Primfaktorenzerlegung von 1764 und 59400 und schreibe das Ergebnis jeweils in Potenzschreibweise!
b) Nenne alle Primzahlen zwischen 40 und 50!
c) Gib die Quadratzahlen von 14 und 17 an!

Hinweise und Tipps

- Denke daran: $100 = 2 \cdot 2 \cdot 5 \cdot 5$
- Absolut wichtig – auch in den weiteren Klassen – du musst das kleine 1x1 auswendig wissen. Das große 1x1 ist auch wichtig und du tust dir leichter, wenn du es auswendig kennst. Auf jeden Fall solltest du die Quadratzahlen bis 20 kennen.
- Eine Primzahl hat nur den Teiler 1 und die Zahl selbst.
- Eine Quadratzahl ist eine Zahl, die durch die Multiplikation einer Zahl mit sich selbst entsteht.
- Du kannst wohl die Quadratzahlen rechnerisch bestimmen, das aber kostet dir viel Zeit, die du für die anderen Aufgaben brauchst.

a)

i) $1764 = 2 \cdot 882 = 2 \cdot 2 \cdot 441 = 2^2 \cdot 3 \cdot 3 \cdot 49 = \mathbf{2^2 \cdot 3^2 \cdot 7^2}$

ii) $59\,400 = 100 \cdot 594 = 2 \cdot 2 \cdot 5 \cdot 5 \cdot 2 \cdot 297 = 2^3 \cdot 5^2 \cdot 3 \cdot 3 \cdot 33 = \mathbf{2^3 \cdot 5^2 \cdot 3^3 \cdot 11}$

b) **41, 43, 47**

c) $14^2 = 14 \cdot 14 = \mathbf{196}$ und $17^2 = 17 \cdot 17 = \mathbf{289}$

Aufgabe 4

Setze für den Platzhalter die fehlende Zahl ein. Beschreibe kurz deine Ideen:

a) $(4 \cdot ♥ - 36) : 27 = 0$ ♥ muss **9** sein.
Überlegungen: Das Ergebnis muss 0 sein. Das geht aber nur dann, falls die Klammer den Wert 0 annimmt, denn $0 : 27 = 0$.
Dies heißt aber, dass $4 \cdot ♥ = 36$ sein muss. Also ist ♥ = 9.

b) $9 \cdot (7 - ♠) = 63$ ♠ muss **0** sein.
Überlegungen: Das Produkt muss 63 ergeben. Der 1. Faktor ist 9. Der 2. Faktor ergibt sich durch die Umkehrrechnung 63 : 9. Der 2. Faktor ist somit 7.
Dann muss aber 7 – ♠ = 7 sein, was aber bedeutet, dass ♠ = 0 sein muss.

Aufgabe 5 ✔

Wie viele vierstellige Zahlen lassen sich aus den Ziffern 1 bis 9 bilden,
a) wenn jede Ziffer mehrmals verwendet werden darf?
b) wenn in jeder dieser Zahlen keine Ziffer mehrfach auftreten darf?
c) wenn zusätzlich die Null zugelassen ist (aber nicht an erster Stelle) und jede Ziffer mehrfach auftreten darf?

Tipps und Hinweise

- In dieser Aufgabe wird das Zeichnen eines Baumdiagramms zu umfangreich. Also gleich das Zählprinzip anwenden.
- Fast alle Aufgaben der Zufallssuche in der 5. Klasse kannst du mit dem „Zählprinzip" lösen. Das Zählprinzip wird auch Produktregel genannt:
  Bei einer Aufgabe, die aus mehreren nacheinander auszuführenden Teilen besteht und bei der es für den 1. Teil n_1 Möglichkeiten, für den 2. Teil n_2 Möglichkeiten, für den 3. Teil n_3 Möglichkeiten usw. gibt, dann gibt es insgesamt $n_1 \cdot n_2 \cdot n_3$ ... Möglichkeiten, d.h. die verschiedenen Möglichkeiten werden multipliziert.

a) Möglichkeiten für die 1. Ziffer (1. Stufe): 9
Möglichkeiten für die weiteren 3 Stufen: 9
Insgesamt gibt es $9 \cdot 9 \cdot 9 \cdot 9 =$ **6561 Möglichkeiten**

b) Möglichkeiten für die 1. Ziffer: 9
Möglichkeiten für die 2. Ziffer: 8 (Die 1. Ziffer nimmt schon eine Möglichkeit ein)
Möglichkeiten für die 3. Ziffer: 7 (Es sind bereits schon 2 Zahlen verbraucht)
Möglichkeiten für die 4. Ziffer: 6 (Es sind schon 3 Zahlen verbraucht)
Insgesamt gibt es $9 \cdot 8 \cdot 7 \cdot 6 =$ **3024 Möglichkeiten**

c) Möglichkeiten für die 1. Ziffer: 9 (Es stehen 9 Ziffern zur Verfügung)
Möglichkeiten für die 2. Ziffer: 10 (Jetzt kommt noch die 0 dazu)
Möglichkeiten für die 3. Ziffer: 10 (Ziffern können mehrfach vorkommen)
Möglichkeiten für die 4. Ziffer: 10 (Ziffern können mehrfach vorkommen)
Insgesamt gibt es $9 \cdot 10 \cdot 10 \cdot 10 =$ **9000 Möglichkeiten**

Aufgabe 6

Max und Moritz wandern zu Fuß. Nach 12 km machen Sie eine Rast im Gasthaus „Zur kühlen Einkehr". Dort treffen sie Eva und Anna, die mit dem Rad unterwegs sind. Max schaut auf seine Wanderkarte, die den Maßstab 1:25 000 hat.
a) Wie viele cm entspricht auf der Karte die gewanderte Strecke von 12 km?
b) Eva sagt, wir sind die gleiche Strecke mit dem Rad gefahren. Aber auf unserer Karte ist die Kartenstrecke nur ½ so lang, wie ihr gemessen habt. Welchen Maßstab hat Evas Radfahrkarte?
c) Erkläre kurz, warum in den Karten unterschiedliche Maßstäbe zu Grunde gelegt worden sind!

Tipps und Hinweise

- Maßstab 1:25 000, dann nennt man 25 000 die Maßstabszahl.
- Es gilt: „Kartenstrecke" = „Naturstrecke" : Maßstabszahl. Damit kannst du bei gegebener Naturstrecke und Maßstabszahl die Kartenstrecke ausrechnen.
- Umgekehrt gilt bei gegebener Kartenstrecke und Maßstabszahl „Naturstrecke" = „Kartenstrecke" · Maßstabszahl
- Wandle 12 km in cm um: 12 km = 1 200 000 cm
- Gängige Maßstäbe sind:

1 : 1 000	Gebäudeplan
1 : 25 000	Wanderkarte
1 : 50 000	Fahrradkahrte
1 : 100 000	Autokarte

a) „Kartenstrecke" = „Naturstrecke" : 25 000 = 1 200 000 cm : 25 000 = 1 200 cm : 25 = 48 cm
Auf der Karte ist die gewanderte Strecke **48 cm** lang.

b) Auf Evas Karte entspricht den gefahrenen 12 km die 24 cm Kartenstrecke.
Dann ist der Maßstab **1 : 50 000.**
Rechnerische Lösung: Maßstabszahl = „Naturstrecke" : „Kartenstrecke" =
1 200 000 cm : 24 cm = 50 000. Und somit der Maßstab 1 : 50 000.

c) Da man mit dem Rad größere Strecken zurücklegt als beim Wandern, könnte man mit dem Maßstab einer Wanderkarte diese großen Strecken gar nicht auf der Karte abbilden. Umgekehrt ist für Wanderer eine Fahrradkarte zu ungenau.

Gesamt 36 Punkte

Punkte	36-35	34-33	32-30	29-27	26-24	23-21	20-18	17-13	12-8	7-4	3-0
Note	1	1,5	2	2,5	3	3,5	4	4,5	5	5,5	6

Kann ich eine Fläche immer in Rechtecke und Quadrate zerlegen ?

Umrechnungs-Faktor für Flächenmaße ist 100 !

Was ist das Zählprinzip ?

Wie rechne ich mit Flächeneinheiten ?

Eigenschaften eines Rechtecks und eines Quadrates !

Schulaufgaben 4

Wie übersetze ich Textaufgaben zur Mathematik ?

Beim Rechnen mit Größen müssen alle Werte mit gleichen Einheiten vorliegen !

Monsterterme gibt es leider immer noch !

4. Schulaufgabe aus der Mathematik

Aufgabe 1

Berechne – wenn möglich – geschickt!

a) $478 \cdot 411 - 411 \cdot 378 = ...$

b) $(85 - 17 \cdot 5) : (936 - 38 \cdot 8) = ...$

c) $-[-266 \cdot (-3) - (532 + (-2)^2 \cdot 57)] : 19 - 19 = ...$

Aufgabe 2

Erstelle den zugehörigen Term und berechne!
Multipliziere die Differenz der Zahlen +99 und –101 mit dem Quotienten der Zahlen 1395 und –31 und addiere das Ergebnis zu 2000.

Aufgabe 3

Berechne und gib das Ergebnis mit möglichst kleinen Maßzahlen an!

a) $1\ m^2 + 1\ m^2\ 42\ dm^2 + 58\ dm^2 + \frac{1}{2}\ m^2 = ...$

b) $2\ cm^2\ 5\ mm^2 \cdot 3 = ...$

c) $2\ km : 25\ m = ...$

Aufgabe 4

Im Jahr 2016 wurden in Brasilien pro Monat durchschnittlich etwa 50 000 ha Regenwald vernichtet. Welche Seitenlängen könnten ein Rechteck mit dem Flächeninhalt 50 000 ha beispielsweise haben?

Aufgabe 5

Ein Grundstück hat die Form eines liegenden (rechtwinkligen) T – wie in der nebenstehenden Skizze dargestellt.

Der Zaun um das Grundstück ist 190 m lang.

a) Welche Länge hat die Strecke a und die Strecke b?

b) Wie groß ist die Fläche des Grundstücks?

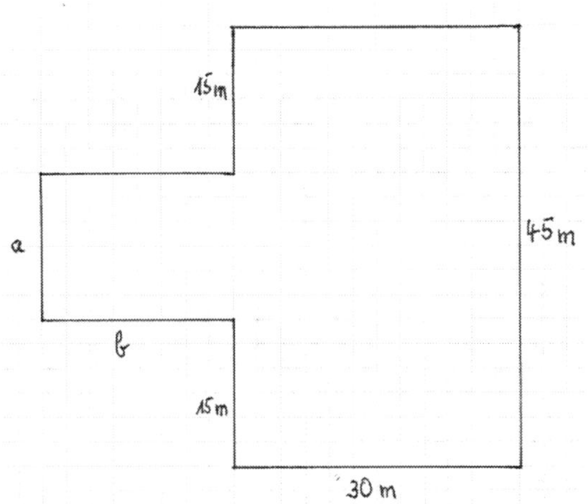

bitte wenden!

Aufgabe 6

Hier siehst du ein Beispiel, wie man mit **5 Münzen** genau **4 Euro** erhält.

	50 Cent-Münze	1 Euro-Münze	2 Euro-Münze
Anzahl	4	0	1

Finde nun zwei Möglichkeiten, mit **8 Münzen** genau **34 Cent** zu erhalten.

		1 Cent-Münze	2 Cent-Münze	5 Cent-Münze	10 Cent-Münze	20 Cent-Münze
1. Möglichkeit:	Anzahl					
2. Möglichkeit:	Anzahl					

Aufgabe 7

Berechne mit Gesamtterm:

Auf einem LKW, der mit höchstens 12 t beladen werden darf, stehen 12 Kisten, die jeweils 540 kg wiegen. Wie viele Kisten von je 240 kg dürfen noch zugeladen werden?

Viel Erfolg !

mögliche Punkteverteilung

Aufgabe	1a	1b	1c	2	3a	3b	3c	4	5a	5b	6	7	
Punkte	2	2	4	4	2	2	1	3	3	3	4	4	**31**

Bemerkungen zu Schulaufgabe 4.1

Aufgabe 1
Diese Aufgabe umfasst die vier Rechenarten mit ganzen Zahlen, Vorteilsregeln und „Vorfahrtsregeln". Teilaufgaben a) und b) sind recht einfach. Bei Teilaufgabe c) schlägt dann doch die bayerische Aufgabenkultur durch. Diese ist sehr anspruchsvoll. Auch die Aufgabe 5 aus Schulaufgabe 4.2 fällt in dieses Muster. Achtung: Es gibt einige wenige Lehrer, die noch komplexere Aufgabe stellen. Diese findet man oft in humanistischen Gymnasien.

Aufgabe 2
Auch diese Textaufgaben sind anspruchsvoll, einmal beim Aufstellen des Terms und dann nochmals beim Ausrechnen. Diese Aufgaben sind bei Lehrkräften sehr beliebt.

Aufgabe 3
Auch das Rechnen mit unterschiedlichen Größen wird oft geprüft. Hier musst du konsequent in die kleinere Einheit umwandeln, dann rechnen. Siehe auch Aufgabe 4 aus Schulaufgabe 4.2.

Aufgabe 4
Nachdenkenswerte Überlegungsaufgabe!

Aufgabe 5
Berechnungen von Flächen, die sich aus mehreren Rechtecken zusammensetzen, sind eigentlich machbar. Aber oft, wie auch hier, musst du Variablen berechnen. Ganz schön clever!

Aufgabe 6
Klassische Textaufgabe bzgl. Rechnen mit Größen! Auch hier musst du den Gesamtterm aufstellen.

Bemerkungen zu Schulaufgabe 4.2

Aufgabe 1 und Aufgabe 2
Meistens kommen solche Umrechnungsaufgaben von Größen in Stegreifaufgaben vor, um den aktuellen Stoff zu prüfen. Aber manche Lehrer bringen diese Art von Aufgabe auch in Schulaufgaben dran.

Aufgabe 6
Ganz beliebte Aufgabe. Da musst du ein bisschen denken. Also üben!

Aufgabe 7
Anspruchsvolle, aber machbare Aufgabe! Neben dem Berechnen von Flächeninhalten und Vergleichen von Flächen brauchst du auch ein Vorstellungsvermögen. Perfekt!

Fazit
Schulaufgabe 4.1 ist recht anspruchsvoll. Man merkt schon, dass man am Ende der 5. Jahrgangsstufe ist. Schulaufgabe 4.2 ist nicht so schwierig. Aber denke daran: Es sind 7 Aufgaben und du musst diese Aufgaben in der Regel in 45-60 Minuten schaffen. Nur wenige Lehrer geben am Ende noch 10 Minuten dazu.

Lösung Schulaufgabe 4.1

Lösung Schulaufgabe 4.1

Aufgabe 1

Berechne – wenn möglich – geschickt!

a) $478 \cdot 411 - 411 \cdot 378 = ...$ *b)* $(85 - 17 \cdot 5) : (936 - 38 \cdot 8) = ...$ *c)* $-[-266 \cdot (-3) - (532 + (-2)^2 \cdot 57)] : 19 - 19 = ...$

> *Tipps und Hinweise*
> - Geschicktes Rechnen heißt: Anwendung des Distributivgesetzes, die Aufgabe genau anschauen, ob nicht ein Teil der Rechnung 0 ergibt und bei Multiplikationsaufgaben darauf achten, dass $4 \cdot 25 = 100$, $8 \cdot 125 = 1000$ ist.
> - Auswendig lernen (oder dran denken):
> $2 \cdot 5 = 10$ $2 \cdot 50 = 100$ $4 \cdot 25 = 100$ $8 \cdot 125 = 1000$
> - Wichtig *„KlaPPS"*-Regel beachten
>   1. Prio: **Kla**mmern ausrechnen
>   2. Prio: **P**otenzen
>   3. Prio: **P**unktrechnung
>   4. Prio: **S**trichrechnung
> $(+) \cdot (+) = (+)$ $(-) \cdot (-) = (+)$ $(+) \cdot (-) = (-)$ $(-) \cdot (+) = (-)$
> - $(-2)^2 = (-2) \cdot (-2) = 4$ aber $-2^2 = -2 \cdot 2 = -4$

a) $478 \cdot 411 - 411 \cdot 378 =$ | Kommutativgesetz (Vertauschen)

$411 \cdot 478 - 411 \cdot 378 =$ | Distributivgesetz

$411 \cdot (478 - 378) = 411 \cdot 100 =$ **41 100**

b)

> *Tipps und Hinweise*
> Nicht irritieren lassen, 0 geteilt durch irgendeine Zahl (außer 0) geht immer und ist 0. Aber nie durch 0 teilen, das ist nicht erlaubt!

$(85 - 17 \cdot 5) : (936 - 38 \cdot 8) =$

$(85 - 85) : (936 - 38 \cdot 8) =$ **0**

c)

$-[-266 \cdot (-3) - (-532 + (-2)^2 \cdot 57)] : 19 - 19 =$ | innere Klammer zuerst ausrechnen

$-[798 - (-532 + 4 \cdot 57)] : 19 - 19 =$

$-[798 - (-532 + 228)] : 19 - 19 =$ | äußere Klammer

$-[798 - (-304)] : 19 - 19 =$

$-[1102] : 19 - 19 = -58 - 19 =$ **−77**

Aufgabe 2

Erstelle den zugehörigen Term und berechne!

Multipliziere die Differenz der Zahlen +99 und −101 mit dem Quotienten der Zahlen 1395 und −31 und addiere das Ergebnis zu 2000.

> *Tipps und Hinweise*
> - Sobald mit negativen Zahlen gerechnet wird, schreibe diese in Klammern hier (−101) und (−31).
> - Der 2. Summand könnte auch 2000 sein – wegen dem Kommutativgesetz.
> - *Regel:* Immer zuerst Klammern ausrechnen und Punkt- vor Strichrechnung.

$2000 + (99 - (-101)) \cdot (1395 : (-31)) =$

$2000 + (99 + 101) \cdot (-45) =$

$2000 + 200 \cdot (-45) = 2000 - 9000 =$ **−7000**

Lösung
Schulaufgabe
4.1

Aufgabe 3 ✔

Berechne und gib das Ergebnis mit möglichst kleinen Maßzahlen an!

a) $1\,m^2 + 1\,m^2\,42\,dm^2 + 58\,dm^2 + \frac{1}{2}\,m^2 = \ldots$ *b)* $2\,cm^2\,5\,mm^2 \cdot 3 = \ldots$ *c)* $2\,km : 25\,m = \ldots$

> *Tipps und Hinweise*
> zu a) Bringe alle Operanden auf die kleinste Einheit. Dann kannst du zusammenfassen.
> zu b) Die Multiplikation bezieht sich auf beide Einheiten.
> zu c) Wird „Einheit durch Einheit" geteilt, so ist da Ergebnis „nur" eine Zahl ohne Einheit.

a) $1\,m^2 + 1\,m^2\,42\,dm^2 + 58\,dm^2 + \frac{1}{2}\,m^2 =$

$100\,dm^2 + 100\,dm^2\,42\,dm^2 + 58\,dm^2 + 50\,dm^2 = \mathbf{350\,dm^2}$

b) $2\,cm^2\,5\,mm^2 \cdot 4 = (200\,mm^2 + 5\,mm^2) \cdot 4 = 205\,mm^2 \cdot 4 = \mathbf{820\,mm^2}$

c) $2\,km : 25\,m = 2000\,m : 25\,m = \mathbf{80}$

Aufgabe 4

Im Jahr 2016 wurden in Brasilien pro Monat durchschnittlich etwa 50 000 ha Regenwald vernichtet. Welche Seitenlängen könnten ein Rechteck mit dem Flächeninhalt 50 000 ha beispielsweise haben?

> *Tipps und Hinweise*
> - Da Hektar außer in der Landwirtschaft ziemlich selten vorkommt, wandle in die bekannteren Einheiten km^2 oder m^2 um.
> - $1\,km^2 = 100\,ha$

$50\,000\,ha = 500\,km^2$

Ein mögliches Rechteck hat die Länge 50 km und die Breite 10 km.

Aufgabe 5 ✔

Ein Grundstück hat die Form eines liegenden (rechtwinkligen) T wie in der nebenstehenden Skizze dargestellt.
Der Zaun um das Grundstück ist 190 m lang.
a) Welche Länge hat die Strecke a und die Strecke b?
b) Wie groß ist die Fläche des Grundstücks?

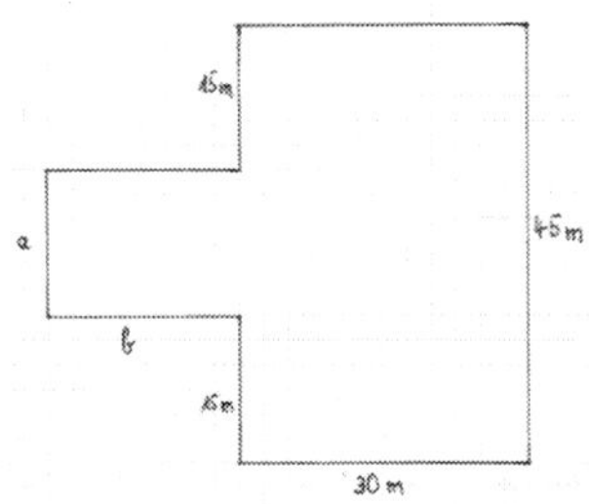

> *Tipps und Hinweise*
> Verinnerliche die Figur und schaue diese genau an.
> zu a) Die gegenüberliegenden Strecken sind gleich lang.
> zu b) Die Fläche setzt sich aus zwei Rechtecksflächen zusammen.

a)

Berechnung der Länge a: (linke Seitenlänge = rechte Seitenlänge)

Es gilt $15\,m + a + 15\,m = 45\,m$ $\Rightarrow$

$a + 30\,m = 45\,m$ oder $a = 45\,m - 30\,m = 15\,m$ (Umkehraufgabe)

Die Strecke a ist **15 m** lang.

Berechnung der Länge b:

$190\,m = 2 \cdot (30\,m + 45\,m) + 2 \cdot b$ $\Rightarrow$

$190\,m = 150\,m + 2b$ $\Rightarrow 2b = 40\,m$ $\Rightarrow b = 20\,m$

Die Strecke b ist **20 m** lang.

b) $A = A_{Rechteck1} + A_{Rechteck2} = 45 \cdot 30\,m^2 + 20 \cdot 15\,m^2 = 1350\,m^2 + 300\,m^2 = 1650\,m^2$

Die Grundstücksfläche beträgt **1650 m²**.

Aufgabe 6

*Hier siehst du ein Beispiel, wie man mit **5 Münzen** genau **4 Euro** erhält.*

	50 Cent-Münze	1 Euro-Münze	2 Euro-Münze
Anzahl	4	0	1

*Finde nun zwei Möglichkeiten, mit **8 Münzen** genau **34 Cent** zu erhalten.*

		1 Cent-Münze	2 Cent-Münze	5 Cent-Münze	10 Cent-Münze	20 Cent-Münze
1. Möglichkeit:	Anzahl	0	2	6	0	0
2. Möglichkeit:	Anzahl	4	0	2	2	0

Aufgabe 7 ✔

Berechne mit Gesamtterm:
Auf einem LKW, der mit höchstens 12 t beladen werden darf, stehen 12 Kisten, die jeweils 540 kg wiegen.
Wie viele Kisten von je 240 kg dürfen noch zugeladen werden?

Tipps und Hinweise

- Diese Textaufgabe verlangt von dir eine Multiplikation und eine Division von natürlichen Zahlen. Die Höchstbeladung ist in Tonnen gegeben, die Kisten in kg, d.h. die Tonnen müssen in kg umgewandelt werden. 1 t = 1000 kg, somit 12 t = 12 000 kg
- Erkläre in kurzen Worten deine Vorgehensweise.

Gewicht der 12 Kisten, die bereits auf dem LKW stehen:

$\underline{540 \cdot 12}$
5400 $\leftarrow 540 \cdot 10$
$\underline{1080}$ $\leftarrow 540 \cdot 2$
6480

Die 12 Kisten wiegen 6480 kg.

Dann können noch 12 000kg – 6480 kg auf den LKW geladen werden:

12000
- 6480
1 1 1
5520

5520 kg können noch für Kisten mit 240 kg beladen werden.

5520 : 240 =
552 : 24 = 23
$\underline{-48}$
72
$\underline{-72}$
0

Antwort: Es können noch genau **23 Kisten** mit einem Gewicht von jeweils 240 kg zugeladen werden.

Gesamtpunkte: **31**

Punkte	31-30	29	28-26	25-23	22-20	19-18	17-16	15-11	10-6	5-3	2-0
Note	1	1,5	2	2,5	3	3,5	4	4,5	5	5,5	6

4. Schulaufgabe aus der Mathematik

Aufgabe 1

Setze die richtigen Einheiten in die Lücken ein:

a) Amelie ist 1,74 ___ groß und liegt in der Entbindungsklinik. Ihr Baby wiegt bei der Geburt 3560 _____ und ist 51 _____ groß.

b) Die Spielfläche eines Handballfeldes ist ein Rechteck mit den Längen 40 ____ und 20 ____.

c) Das LKW-Fahrverbot an Sonntagen gilt für LKW ab 7,5 ____.

d) Ein Briefkuvert ist etwa 11 _____ breit.

e) Das Gewicht eines Frühstückeies beträgt etwa 70 _____.

f) In einer Stunde schaffst du bei normaler Schrittgeschwindigkeit eine Strecke von ca. 4 _____.

Aufgabe 2

Runde jeweils auf die in Klammern angegebene Einheit:

a) 49953 cm (m)

b) 49953 cm (dm)

c) 994760 g (kg)

d) 95 € 49 Ct (€)

e) 1 kg 89 g (kg)

Aufgabe 3

Vervollständige den Text und finde jeweils einen passenden Aufgabentext!

a) Multipliziert man eine Größe mit ________________________________,

so ist das Ergebnis eine Größe.

Aufgabentext: ...

b) Dividiert man zwei Größen, dann ist das Ergebnis ____________________

Aufgabentext: ____

____

Aufgabe 4

Berechne jeweils in einer fortlaufenden Rechnung:

a) 4 h 15 min : 51 min = ...

b) (47,5 dm - 25 cm) : 75 + 25 cm = ...

c) (9 ha + 3 a) : 300m = ...

Aufgabe 5

Berechne jeweils in einer fortlaufenden Rechnung (nutze gegebenenfalls Vorteile):

a) $(-15) \cdot 16 - 15 : (2^5 - 3^3) = \dots$

b) $[-3^3 - (-4)^3 - (-5)^2]^2 = \dots$

bitte wenden!

Aufgabe 6

Ein Rechteck ist neunmal so lang wie breit. Seine Breite beträgt 4 cm.

a) Wie groß ist der Flächeninhalt?

b) Wie groß ist die Seitenlänge eines flächeninhaltsgleichen Quadrats?

Aufgabe 7

Durch Aneinanderlegen von 36 quadratischen Sammelbildern soll eine lückenlose rechteckige Papierfläche gebildet werden. Jedes Sammelbild hat eine Seitenlänge von 4 cm.

a) Mia hat ein Rechteck mit 9 Bildern an der Längsseite und 4 Bildern an einer Breitseite gelegt. Berechne den Umfang und den Flächeninhalt der gelegten Fläche!

b) Gib alle weiteren Möglichkeiten an, aus allen Bildern eine rechteckige Fläche zu legen.

c) Passt die unter a) gelegte Fläche auf ein DIN A4 Blatt? (Ein Blatt deines Schulheftes hat die Größe DIN A4) Begründe!

Viel Erfolg !

mögliche Punkteverteilung

Aufgabe	1	2	3a	3b	4a	4b	4c	5a	5b	6a	6b	7a	7b	7c	
Punkte	4	4	2	2	2	2	2	3	3	3	1	4	2	1	**35**

Lösung Schulaufgabe 4.2

Zeit: 45 Minuten

Aufgabe 1

Setze die richtigen Einheiten in die Lücken ein:

Tipps und Hinweise
Bei den Teilaufgaben d) bis e) kommt es vor allem auf die richtige Einheit an. Wenn die Zahlen nicht gerade unsinnig sind, gibt es keinen Punktabzug. Beispielweise wäre die Aussage, das Ei wiegt etwa 1000 g falsch, wobei man aber 100 g gerade noch ungestraft schreiben könnte.

a) Amelie ist 1,74 **m** (Meter) groß und liegt in der Entbindungsklinik. Ihr Baby wiegt bei der Geburt 3560 **g** (Gramm) und ist 51 **cm** groß.

b) Die Spielfläche eines Handballfeldes ist ein Rechteck mit den Längen **40** m und **20** m.

c) Das LKW-Fahrverbot an Sonntagen gilt für LKW ab 7,5 **t** (Tonnen).

d) Ein Briefkuvert ist etwa 11 **cm** breit.

e) Das Gewicht eines Frühstückeies beträgt etwa 70 **g** (Gramm).

f) In einer Stunde schaffst du bei normaler Schrittgeschwindigkeit eine Strecke von ca. 4 **km**.

Aufgabe 2 ✔

Runde jeweils auf die in Klammern angegebene Einheit:

a) 49953 cm (m)
b) 49953 cm (dm)
c) 994760 g (kg)
d) 95 € 49 Ct (€)
e) 1 kg 89 g (kg)

Tipps und Hinweise
- Bei diesen Aufgaben ist es wichtig zu wissen, auf was du runden sollst. Dazu musst du den Umrechnungsfaktor wissen, also die Zahl, mit der du von der kleineren Einheit auf die größere Einheit kommst. Drücke die Zahl in gemischten Einheiten aus und entscheide dann aufgrund der Menge der kleineren Einheit, ob ab- oder aufgerundet werden muss. Der ↑ zeigt dir die Zahl an, die entscheidet, ob ab- oder aufgerundet werden muss.
- zu e) Der Umrechnungsfaktor ist 1000. Deshalb musst du die 89 g als 089 g schreiben. Somit gibt die 0 an, dass du abrunden musst.

a) Umrechnungsfaktor: 1 m = 100 cm
49953 cm = 499 m 53 cm ≈ 500 m (aufrunden)
↑ (unter der 5 von 53 cm)

b) Umrechnungsfaktor: 1 dm = 10 cm
49953 cm = 4995 dm 3 cm ≈ 4995 dm (abrunden)
↑ (unter der 3 von 3 cm)

c) Umrechnungsfaktor: 1 kg = 1000 g
994760 g = 994 kg 760 g ≈ 995 kg (aufrunden)
↑ (unter der 7 von 760 g)

d) Umrechnungsfaktor 1 € = 100 Ct
95€ 49 Ct ≈ 95 € (abrunden)
↑ (unter der 4 von 49 Ct)

e) 1 kg = 1000 g
1 kg 89 g = 1 kg 089 g ≈ 1 kg (abrunden)
↑ (unter der 0 von 089 g)

Lösung Schulaufgabe 4.2

Aufgabe 3

Vervollständige den Text und finde jeweils einen passenden Aufgabentext!

> *Tipps und Hinweise*
> Versuche eine so kurze und einfache Aufgabe zu finden. Das spart Zeit.

a) Multipliziert man eine Größe mit **einer natürlichen Zahl**, so ist das Ergebnis eine Größe.

Aufgabentext: *„Ein Apfel kostet 55 Cent. Wie viel kosten 4 Äpfel?"*

b) Dividiert man zwei Größen, dann ist das Ergebnis **eine natürliche Zahl.**

Aufgabentext: *„Emil braucht Seile, die alle1 m lang sind. Wie viele Stücke kann er aus einem12 m langen Seil abschneiden?"*

Aufgabe 4 ✔

Berechne jeweils in einer fortlaufenden Rechnung:

a) 4 h1 5 min : 51 min = ... *b) (47,5dm – 25cm) : 75 + 25cm = ...* *c) (9ha + 3a) : 300m = ...*

> *Tipps und Hinweise*
> - Bringe alle Größen auf die kleinste Einheit. Dann kannst du zusammenfassen.
> - zu a) Achtung: Das Ergebnis ist eine reine Zahl, da „Einheit" durch „Einheit" geteilt wird.
> - zu b) Punkt-vor-Strich-Regel beachten
> - zu c) In der Lösung Hier ist als gemeinsame Einheit a gewählt, man hätte aber auch m wählen können.

a) 4 h 15 min : 51 min =(240 min 15 min) : 51 min = 255 min : 51 min = **5**

b) (47,5 dm – 25 cm) : 75 + 25 cm = (475 cm – 25 cm) : 75 + 25 cm = 450 cm : 75 + 25 cm = 6 cm + 25 cm = **31 cm**

c) (9 ha + 3 a) : 300 m = (900 a + 3 a) : 3 a = 903 a : 3 a = **301**

Aufgabe 5 ✔

Berechne jeweils in einer fortlaufenden Rechnung (nutze gegebenenfalls Vorteile)!

a) $(-15) \cdot 16 - 15 : (2^5 - 3^3) = ...$ *b)* $[-3^3 - (-4)^3 - (-5)^2]^2 = ...$

> *Tipps und Hinweise*
> - Achtung *„KlaPPS"*-Regel beachten
>   1. Prio: **Kla**mmern ausrechnen
>   2. Prio: **P**otenzen
>   3. Prio: **P**unktrechnung
>   4. Prio: **S**trichrechnung
>   (+) ·(+) = (+) (-) · (-) = (+) (+) · (-) = (-) (-) · (+) = (-)
> - zu b) Denke daran: Nach der Klappsregel gilt zuerst Potenzieren.
> - zu b) Achtung beliebte Verwechslung $-3^3 = -3 \cdot 3 \cdot 3 = -27$ und $(-4)^3 = (-4) \cdot (-4) \cdot (-4) = -64$

a) $(-15) \cdot 16 - 15 : (2^5 - 3^3) = -240 - 15 : (32 - 27) = -240 - 15 : 5 = -240 - 3 = \mathbf{-243}$

b) $[-3^3 - (-4)^3 - (-5)^2]^2 = [-27 - (-64) - 25]^2 = [-27 + 64 - 25]^2 = [12]^2 = \mathbf{144}$

Aufgabe 6

Ein Rechteck ist neunmal so lang wie breit. Seine Breite beträgt 4 cm.
a) Wie groß ist der Flächeninhalt? *b) Wie groß ist die Seitenlänge eines flächeninhaltsgleichen Quadrats?*

a) Sei a die Länge und b die Breite des Rechtecks.
Für den Flächeninhalt A gilt: $A = a \cdot b$
$b = 4$ cm, dann ist $a = 9 \cdot b = 9 \cdot 4 = 36$ cm lang
$A = 4\text{ cm} \cdot 36\text{ cm} = 144\text{ cm}^2$
Der Flächeninhalt beträgt **144 cm²**.

b) Der Flächeninhalt eines Quadrates mit der Seitenlänge a ist $A = a \cdot a$.
Also ist $144\text{ cm}^2 = a \cdot a$, d.h. Welche Zahl mit sich selber multipliziert ergibt 144.
Das ist 12.
Antwort: Die Seitenlänge des Quadrates ist **12 cm.**

Aufgabe 7

Durch Aneinanderlegen von 36 quadratischen Sammelbildern soll eine lückenlose rechteckige Papierfläche gebildet werden. Jedes Sammelbild hat eine Seitenlänge von 4 cm.
a) Mia hat ein Rechteck mit 9 Bildern an der Längsseite und 4 Bildern an einer Breitseite gelegt. Berechne den Umfang und den Flächeninhalt der gelegten Fläche!
b) Gib alle weiteren Möglichkeiten an, aus allen Bildern eine rechteckige Fläche zu legen.
c) Passt die unter a) gelegte Fläche auf ein DIN A4 Blatt? (Ein Blatt deines Schulheftes hat die Größe DIN A4) Begründe!

Tipps und Hinweise
- zu b) Gleichwertig mit der Aufgabe ist die Frage nach allen Teilern von 36.
- zu b) Das Produkt der einen Seite und der anderen Seite muss immer 36 cm² sein.
- zu c) Miss die ungefähre Länge und Breite eines Din A4 Blattes ab.
  Eine Heftseite hat DIN A4 Format.
- zu c) Wenn man nur den Flächeninhalt betrachtet, erhält man: Das DIN A4 Blatt hat ungefähr die Flächen $30\text{ cm} \cdot 20\text{ cm} = 600\text{ cm}^2$. Diese Fläche ist größer als die der von Mia gelegten Fläche (576 cm²) und Mias Fläche würde reinpassen. Aber 36 cm Länge passen nicht auf das DIN A4 Blatt.

a) Die Längsseite ist insgesamt $9 \cdot 4\text{ cm} = 36$ cm lang
Die Breitseite ist insgesamt $4 \cdot 4\text{ cm} = 16$ cm lang
Dann ist der Umfang $U = 2 \cdot (36\text{ cm} + 16\text{ cm}) =$ **104 cm**
Die gelegte Fläche ist ein Rechteck mit $A = 36\text{ cm} \cdot 16\text{ cm} =$ **576 cm²**

b)

Seite 1:	1	2	3	6
Seite 2:	36	18	12	6

c) Die ungefähre Länge eines DIN A4 Blattes beträgt 30 cm, die ungefähre Breite 20 cm.
Die Länge der von Mia gelegten Fläche ist 36 cm und somit größer als die längere Seite des DIN A4 Blattes (30 cm).
Die Antwort lautet: **NEIN**

Gesamt 35 Punkte

Punkte	35-34	33-32	31-29	28-26	25-22	21-19	18-17	16-12	11-7	6-3	2-0
Note	1	1,5	2	2,5	3	3,5	4	4,5	5	5,5	6

Monika und Claus Arndt aus Waldtrudering geben im Eigenverlag Lernhilfen für Schüler heraus

Die Durchblick-Garanten

Die Tage sind gezählt bis zu den Sommerferien. Nicht alle Schüler jedoch tun sechs Wochen lang nichts für die Schule. Und es gibt so einige Eltern, die sich jetzt schon fürs neue Schuljahr rüsten. Viele von ihnen landen bei Monika und Claus Arndt aus Waldtrudering. Das Ehepaar gibt Hefte mit Schulproben für Grundschüler und Schulaufgaben für Gymnasiasten und Realschüler heraus. Kinder und Jugendliche können sich mit ihren Durchblicker-Aufgaben auf Prüfungen vorbereiten.

Monika und Claus Arndt im Keller ihres Waldtruderinger Hauses. Dort drucken sie ihre Durchblicker-Schulaufgaben. Jahrelang haben sie zudem Nachhilfeunterricht gegeben, mittlerweile konzentrieren sie sich auf ihr Verlagsgeschäft. Ihre Schulaufgaben sind im Buchhandel zu finden und helfen Schülern bei der Lösung von Schulaufgaben. ***Fotos: Panthermedia/ve/kn***

Im Keller der Familie Arndt im Birkhahnweg in Waldtrudering läuft der Drucker. In den Regalen stapeln sich ordentlich die Ausdrucke. Ihre Bestellungen erreichen Monika und Claus Arndt meist spät abends. Nach Ladenschluss schicken Buchhändler noch ihre Bestellliste ab, so auch an den Durchblicker Verlag in Waldtrudering. Viele Jahre lang haben die Arndts im Keller Schülern Nachhilfeunterricht gegeben. Vor fünf Jahren haben sie einen Verlag gegründet und verkaufen seitdem Bücher mit typischen Schulaufgaben für bayerische Schüler. Derzeit, kurz vor den Sommerferien und vor allem dann im September, sei die Nachfrage besonders groß. „Wir haben ein saisonales Geschäft", sagt Claus Arndt schmunzelnd. Bevor es in die Ferien geht oder zum Start ins neue Schuljahr, bestellen Schüler und ihre Eltern die Durchblicker-Schulaufgaben.

Der Mathematiker sattelte aufs Lehramt um

Die Arndts haben sozusagen eine Marktlücke entdeckt: Verlage bieten zwar immer mehr Lernhilfen für Schüler an. Doch die Arndts haben ihre Ausgaben auf die jeweiligen Schultypen und auf die neuen Lehrpläne in Bayern zugeschnitten. So läuft und läuft ihr Drucker. „Volltreffer!", hat ihnen ein Schüler geschrieben, „drei Aufgaben in meiner Schulaufgabe waren genau wie die aus Ihrem Buch!" Und eine Buchhändlerin lässt sie wissen: „Ich empfehle die Reihe immer weiter. Sie haben in mir einen Fan gefunden."

Wie aber kommt es, dass die beiden Waldtruderinger so einen guten Riecher haben, wie Lehrer ihre Schulaufgaben gestalten und was sie wollen? Claus Arndt war als Diplom-Mathematiker in der EDV-Branche beschäftigt. Bis 2004. Da hieß es: „Wer gehen wolle, könne gehen." Der Waldtruderinger Vater zweier Söhne ließ sich das nicht zwei Mal sagen. Händeringend wurde damals nach Lehrern gesucht. So sattelte der Mathematiker kurzerhand um und unterrichtete fortan an der Realschule in Dachau und am Neuperlacher Heinrich-Heine-Gymnasium Mathe.

Damit nicht genug. Zuhause im Keller eröffnete er mit seiner Frau Monika ein Lernstudio für Schüler. Claus Arndt gab Nachhilfe in Mathematik. Seine Frau in Englisch, Deutsch und Französisch. „Für Physik und Latein beschäftigten wir noch weitere Nachhilfelehrer", erzählt Claus Arndt. Die Waldtruderinger Familien nahmen das Angebot gerne an: Bei den Arndts gab es Nachhilfe für den Achtklässler, der darum kämpfte, wegen Mathe bloß nicht durchzufallen. Ein anderer Bub, ein Grundschüler, konnte partout nicht stillsitzen. „Ich ließ ihn hier unten auf einem kleinen Trampolin auf- und abspringen und fragte ihn dabei das Einmaleins ab", erzählt Claus Arndt. Ebenso ackerten gleich mehrere Schüler in einem Crashkurs, um in ihrer Abschlussprüfung eine bessere Note zu bekommen.

Nachhilfeunterricht von 13 bis 20 Uhr

Vier Jahre lang büffelten die Nachhilfelehrer mit ihren Schützlingen Stunde für Stunde im Keller. „Unseren Höhepunkt hatten wir im Jahr 2008, da saßen wir von 13 bis 20 Uhr in unserem Lernstudio, die Nachfrage in Waldtrudering und Umgebung war einfach so groß", erinnert sich Claus Arndt. Was ist das Arndtsche Erfolgsrezept? Die Arndts lösen mit ihren Schülern Schulaufgaben, erarbeiten Musterlösungen und korrigieren die Antworten gemeinsam. „Diese Klassenarbeiten denken wir uns selbst aus", sagt Claus Arndt. Im Laufe der Jahre haben sie ein Gespür dafür entwickelt, welche Aufgabentypen drankommen können — „wie die Lehrer ticken".

Schulaufgaben zu entwickeln, das machte Claus Arndt bald nicht nur für seine Nachhilfeschüler im Münchner Osten. Für die Verlage Klett und Cornelsen modifizierte er Schulaufgaben. „Doch die Lehrpläne variieren von Bundesland zu Bundesland", erzählt der Klausuren-Profi. Und so schlug man ihm vor, für Bayern einfach selbst Schulaufgaben herauszugeben. Im Eigenverlag.

Claus Arndt hatte ja mit seiner Frau Monika kompetente Hilfe an seiner Seite. Denn vor allem sie war es, die in ganz Bayern Buchhändler abklapperte, um Werbung für die Durchblicker-Schulaufgaben zu machen. Mehr noch: Monika Arndt hatte als Autorin bereits Ernährungsbücher für Kinder veröffentlicht, hatte unter anderem beim Stark-Verlag über Produktion sowie Inhalt von Lernhilfen viele Erfahrungen gesammelt und als Lektorin gearbeitet. Sie knöpfte sich nun die Fächer Deutsch, Französisch und Englisch vor und arbeitete ebenso Schulaufgaben aus. Zudem sei es für sie als Schulaufgaben-Entwickler mit Einführung des G8 leichter geworden: „Alles ist systematischer und strukturierter, ich kann eher abschätzen, was in einer Klassenarbeit drankommt", sagt Claus Arndt.

Neu im Angebot sind Proben für Grundschüler

Mittlerweile haben sie eine breite Palette mit 57 verschiedenen Ausgaben im Angebot: Ob für Gymnasiasten Mathe-Schulaufgaben von der fünften bis hoch zur zwölften Klasse oder für Realschüler Englisch-Schulaufgaben. „Und neu und sehr beliebt sind unsere Schulproben in Mathe, Deutsch und HSU für Dritt- und Viertklässler", sagt Monika Arndt. „Die sind immer mehr unsere Renner!" Als Verlag profitieren sie von dem wachsendem Druck, der schon auf Grundschüler ausgeübt werde. „Eltern wollen unbedingt, dass ihr Kind einen Notendurchschnitt von 2,33 beim Übertrittszeugnis in der vierten Klasse hat, damit es aufs Gymnasium gehen kann", sagt Claus Arndt. „Das ist oft zu viel des Guten." Er weiß, wovon er spricht. Er hat in all den Jahren in seinem Lernstudio viele Kinder kennengelernt. „Oft haben wir gemerkt, welch großen Druck Eltern auf ihr Kind ausüben können." Natürlich müsse sich jedes Kind auf Tests in der Schule vorbereiten. Doch als Eltern zweier Söhne, 1993 und 1996 geboren, wissen sie eben auch, dass ein Kind nicht zu viel lernen dürfe. „Wer für eine Schulaufgabe mit zwei unserer Aufgaben übt, dem reicht das meist", behauptet Monika Arndt.

Den beiden Schulaufgaben- und Nachhilfe-Profis geht es vor allem darum, Schüler besser auf das vorzubereiten, was sie bei einer Probe erwartet. „Angst und Nervosität legen sich schnell, wenn Schüler ähnliche Aufgaben kennen und bereits bearbeitet haben", sagt Claus Arndt.

Verena Rudolf

Telefon (089) 53 06-420
lokales@merkur.de
Telefax: (089) 53 06-86 56

Mehr Durchblick für Schüler

Claus und Monika Arndt produzieren Lernhefte im heimischen Keller in Waldtrudering

VON LAURA MÜLLER

Vielen Kindern graut es vor der Schule. Häufig sind sie unmotiviert und wissen nicht, wie sie sich auf Tests und Schularbeiten vorbereiten sollen. Für diese Problematik gibt es eine Menge Nachhilfelehrer und Bücher, die helfen sollen. Einer der Verlage, die solche Bücher, oder vielmehr Hefte, produzieren, ist der Durchblicker Verlag – ein kleiner Buchverlag, der nur aus dem Ehepaar Claus und Monika Arndt besteht. Er hat sich auf Schulaufgaben und ihre Lösungen spezialisiert. Die Arndts produzieren die Hefte im heimischen Keller in Waldtrudering.

Auf den jungen Schülern lastet eine Menge Druck, sagen die Arndts

Claus Arndt, ein ehemaliger Software-Ingenieur, hat den Verlag vor fünf Jahren gegründet. Angefangen hat alles damit, dass Claus Arndt anfing, Nachhilfe zu geben. „Als die Kinder kamen, wollte ich nicht ständig unterwegs sein", erzählte er. „Also habe ich meinen Job gekündigt und Nachhilfe gegeben." Die Schüler kamen gerne zu Claus Arndt, so wurde die Nachfrage irgendwann zu groß. Die Arndts gaben das Lernbüro auf und fingen an, Bücher mit Schulaufgaben und ihren Lösungen zu drucken. Zunächst verkauften sie nur wenige Hefte, doch im vergangenen Jahr waren es schon 20 000. Insgesamt haben sie 58 Bücher verfasst und herausgebracht. Die Arndts sehen sich mittlerweile als „ernst zu nehmende Konkurrenz" für den renommierten Stark-Verlag. Dessen rote Übungsbücher stehen bei vielen Schülern im Regal.

Claus Arndt sammelt seit der Umstellung auf das G8 Schulaufgaben von verschiedenen Schulen. Weil er selbst mal als Lehrer arbeitete, weiß er, was andere Lehrer erwarten. Claus und Monika Arndt orientieren sich bei ihren Aufgaben immer an dem neusten Stand der Lehrpläne.

Als die Arndts ihren Verlag gründeten, klapperten sie alle möglichen Büchereien ab, um ihre Bücher präsentieren zu können. Monika Arndt hat schon vorher als Lektorin und Autorin gearbeitet. Sie kennt sich in der Branche aus und weiß, wie man hier etwas erreicht. Heute liegen die Bücher des Durchblicker-Verlags etwa in Hugendubel- und Thalia-Filialen aus. „Wir freuen uns, dass unsere Bücher so gut ankommen", sagt Claus Arndt. Am besten verkauften sich laut den Arndts die Lerntrainer für die Grundschule sowie für die 5. und 6. Klasse Gymnasium. Das verwundert. Claus Arndt erklärt: „Auf den jungen Schülern lastet schon eine Menge Druck."

Die Nachfrage ist groß: Im Keller von Monika und Claus Arndt stapeln sich die Lernhefte des heimischen Verlags. Alles ist handproduziert, das ist das Markenzeichen des Verlags. FOTOS: ASTRID SCHMIDHUBER

Die Hefte des Durchblicker-Verlags: Insgesamt 58 Lerntrainer haben die Arndts schon herausgebracht.

Am besten verkaufen sich die Lerntrainer für Grundschule und 5. und 6. Klasse

Als die Arndts die Bücher in immer größerer Stückzahl verkauften, stellte sich die Frage, wie sie die Lerntrainer weiter produzieren wollen. Sie entschieden sich, die Bücher selbst zu drucken. „Alles ist handproduziert, das ist unser Markenzeichen", sagt Monika Arndt.

Sie legen Wert darauf, dass ihre Aufgaben schulnah sind und so auch wirklich abgefragt werden könnten. „Außerdem ist es wichtig für uns, die Schüler für das Lernen zu motivieren. Häufig schreiben Kinder schlechte Noten, weil sie zu wenig Selbstvertrauen haben", sagt Claus Arndt. „Wenn die Kinder mit unseren Schultrainern lernen, erkennen sie Aufgaben aus dem Unterricht wieder, das gibt ihnen ein Erfolgserlebnis und motiviert sie." Natürlich könnten die Bücher keine schon vorher entstandenen Wissenslücken schließen, „aber sie helfen, zu vertiefen und zu wiederholen."

AKTUELLES IN KÜRZE

38-Jähriger stirbt nach Drogenkonsum

Ein 38-jähriger Münchner ist am vergangenen Freitag an den Folgen von Kokain- und Alkoholkonsum gestorben. Nach Angaben der Polizei wurde der arbeitslose Münchner am Donnerstag, 17. November, in eine Klinik eingeliefert. Dort musste er reanimiert werden. In seinem Urin wurde ein hoher Kokaingehalt festgestellt. Zudem hatte er eine Alkoholvergiftung. Die Obduktion ergab, dass der 38-Jährige an einer Überdosis Rauschgift gestorben war. Die Polizei schließt Fremdverschulden aus. pim

Rechte und Pflichten von Mietern

Viele Auseinandersetzungen zwischen Vermietern und Mietern resultieren daraus, dass die Parteien ihre Rechte und Pflichten nicht kennen oder diese falsch einschätzen. Die Rechtsanwältin Gisela Weber vom Mieterverein München erläutert bei einem Infoabend im Bauzentrum München, Willy-Brandt-Allee 10, am Dienstag, 13. Dezember, ab 18 Uhr, welche Klauseln Mieter vor der Unterzeichnung eines Formularmietvertrages besonders unter die Lupe nehmen sollten. Sie spricht außerdem die Probleme des Alltags an, die im täglichen Umgang zwischen den Mietvertragsparteien und den Nachbarn auftreten können. Der Eintritt ist frei. do